Modelo de Competencia Pigmalión para el Liderazgo

Cómo alcanzar la "profecía autocumplida" a través del reconocimiento efectivo y la motivación de los colaboradores para lograr su mayor rendimiento.

Rómulo Castro Cáceres

ROMULO CASTRO
comunicación

ANTES QUE NADA...

Quiero empezar este E-Book agradeciendo primero a mis mentores Amado Fuguet y Agustín Beroes, expertos comunicadores sociales y grandiosos líderes; porque la experiencia que he obtenido en mi vida profesional no habría sido posible sin la mentoría y formación que me han dedicado.

También tengo que agradecer a mi madre Magaly, quien me encaminó en los estudios, me sigue enseñando sobre la vida, el entusiasmo y el compromiso, y sobre todo, porque confía ciegamente en mí y me sigue motivando.

Y finalmente quiero agradecer a mi amada Tatiana, quien se ha convertido en mi punto de sustento emocional, socia en todos mis emprendimientos, esposa y amiga.

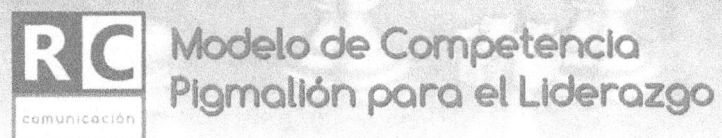

TABLA DE CONTENIDO

ANTES QUE NADA... 1
TABLA DE CONTENIDO 2
SOBRE EL AUTOR...5
PRÓLOGO. UNA PERSPECTIVA DE LIDERAZGO DIFERENTE 6
PIGMALIÓN Y GALATEA, MITO E INVESTIGACIÓN 8
    LA HISTORIA DEL MITO 8
    EL ESTUDIO DEL EFECTO PIGMALIÓN 10
        ¿Pero qué sucedió? 11
        No es magia... nuestra conducta es influyente 12
PIGMALIÓN EN EL LIDERAZGO 14
    PIGMALIÓN Y LA PROFECÍA AUTOCUMPLIDA 15
        Distintos efectos..15
        Distintos ámbitos 16
        En defensa del efecto Pigmalión 17
        La frase Pigmalión: sujeto, expectativa y consecuencia...............................17
    DEFINIENDO EL EFECTO GALATEA 21
        Galatea y el modelaje del líder..21
PARADIGMAS DE PIGMALIÓN Y GALATEA COMO COMPETENCIAS DEL LIDERAZGO 24
    PARADIGMA ORGANIZACIONAL DEL EFECTO PIGMALION 24
        Proceso de la profecía autocumplida 25
        Matriz de la profecía autocumplida 28
        Qué iniciativas puedes comenzar a adoptar 30
    PARADIGMA DE GALATEA 31
        Comprendiendo qué es el Modelaje 32
        Cómo modelar según el paradigma de Galatea 35
MOTIVACIÓN, AUTOESTIMA, SENTIDO DE PERTENENCIA Y SALARIO EMOCIONAL 39

Modelo de Competencia Pigmalión para el Liderazgo

- SOBRE LA MOTIVACIÓN EN LA EMPRESA 41
  - Componentes de éxito para motivar a tus colaboradores 42
- SOBRE LA AUTOESTIMA DE LOS COLABORADORES 46
- SOBRE EL SENTIDO DE PERTENENCIA DE LOS COLABORADORES 48
  - Facilita el compromiso al logro 49
- SOBRE EL SALARIO EMOCIONAL 50
  - El reconocimiento del líder como parte del salario emocional del colaborador 52
  - 5 claves para brindar reconocimiento efectivo 53
- DESARROLLAR FEEDBACK EFECTIVO EN 10 PASOS 55
  - Al ofrecer Feedback también hay que tener presente que… 59
- FACTORES QUE IMPACTAN LA MOTIVACIÓN, AUTOESTIMA, EL SENTIDO DE PERTENENCIA Y EL SALARIO EMOCIONAL. 60
- LAS BARRERAS DE LA COMUNICACIÓN GENERAN EL MAYOR IMPACTO 61
  - La batalla contra las emociones 61
  - ¿Podemos controlar efectivamente las emociones? 62
  - Valores, creencias y prejuicios también impactan 63
  - Barreras físicas: el impacto de los sonidos y el ruido 64
  - El ambiente: otra barrera física 65
  - Barreras semánticas: significado de las palabras, idioma y léxico. 66
- ROL DE LA COMUNICACIÓN INTERNA PARA POTENCIAR LA COMPETENCIA PIGMALIÓN ... 69
- LA RESPONSABILIDAD DE LOS LÍDERES 71
- LA INFLUENCIA DEL PRIMER JEFE 73
- CORRESPONSALES INTERNOS: TRABAJADORES APALANCANDO LA COMUNICACIÓN ... 74
  - Lo líderes deben apoyar a los Corresponsales Internos… 77
  - Caso de éxito Grupo Phoenix: "enfoque hacia una red de voceros internos" 77
  - Caso de éxito Beconsult: "apalancados en el comité de corresponsales internos" 78
  - ESTRATEGIA COMUNICACIONAL 80
- INFLUIR CON PIGMALIÓN PARA LA CONSTRUCCIÓN DE UNA VISIÓN COMPARTIDA ... 83
  - LA FILOSOFÍA DEBE ORIENTAR EL FUTURO 84

Modelo de Competencia Pigmalión para el Liderazgo

PREPARAR EL PRESENTE CON LA COMPETENCIA PIGMALIÓN PARA LOGRAR EL PORVENIR DESEADO	85
Difusión:	85
Modelaje:	85
Reconocimiento:	86
INICIATIVAS PARA COMUNICAR EFICIENTEMENTE EL FUTURO	86
EPÍLOGO. A MODO DE CIERRE	89
REFERENCIAS	91
CONSÚLTAME O BRÍNDAME TU OPINIÓN SOBRE ESTE E-BOOK	92
Mis redes y canales digitales	92

Modelo de Competencia Pigmalión para el Liderazgo

SOBRE EL AUTOR

Con casi 3 décadas de experiencia profesional en el mundo corporativo, me he especializado en la consultoría de Comunicaciones Internas, impulsé y gestioné procesos de cambio organizacional y desarrollé proyectos de comunicación estratégica como gerente, consultor y facilitador en diferentes empresas en Latinoamérica.

Me inicié en el mundo profesional gracias a mi licenciatura en Comunicación Social y la especialización en Gerencia de Comunicaciones. Trabajé en grandes corporaciones como el Banco de Venezuela en el año 1992, y en Cantv en 1995. En ambos casos tuve la oportunidad de participar dentro de los equipos de comunicadores sociales corporativos más importantes de Venezuela, y me atrevería a decir que de Latinoamérica.

A lo largo de estos años me ha tocado coordinar y facilitar programas, talleres y seminarios de formación para más de 3 mil miembros de diversas empresas privadas e instituciones públicas y ONGs en Latinoamérica (presidentes, directores, ejecutivos, gerentes, jefes y líderes de equipo).

He sido profesor invitado en diversos diplomados y seminarios de extensión universitaria enfocados en el mejoramiento de competencias de líderes de empresas.

Además, ejercí como periodista en varios medios de comunicación impresos (diarios y revistas) y fui productor y conductor en medios audiovisuales (radio y televisión).

Desde el año 2014 mi actividad profesional se ha enfocado en asesorar y potenciar habilidades de supervisión y liderazgo, fusionando un modelo de comunicación y de gestión estratégica para empresas e instituciones privadas y públicas, a través de mi firma profesional **RCC Consultores**.

PRÓLOGO. UNA PERSPECTIVA DE LIDERAZGO DIFERENTE

En este e-Book te ofrezco conceptos que tal vez no habías escuchado y casos de mi propia experiencia. Además conocerás el modelo que he creado para la fácil comprensión y el logro efectivo de la denominada "profecía autocumplida" del liderazgo transformacional. Sobre todo, encontrarás muchas de mis recomendaciones que te ayudarán a fortalecer tu rol como supervisor, gerente o líder dentro de tu organización.

En la gerencia moderna se hace cada vez más imprescindible la habilidad de influir positivamente en los subordinados de forma contundente. Este tipo de influencia la conocemos en la modernidad como **liderazgo transformacional** gracias al historiador y politólogo norteamericano James MacGregor Burns, quien la definió como *"el tipo de liderazgo ejercido por aquellos individuos con una fuerte visión y personalidad, gracias a la cual son capaces de cambiar las expectativas, percepciones y motivaciones de sus colaboradores, así como liderar el cambio dentro de una organización"*.

Soy un fiel creyente de que para lograr un verdadero "liderazgo transformacional" en las organizaciones, debemos comenzar por fortalecer particularmente cuatro aspectos determinantes en las competencias de los líderes:

1. Las expectativas de los supervisores respecto a sus colaboradores. Esta perspectiva es determinante e influyente en el comportamiento y los resultados de los supervisados.

2. El reconocimiento sincero y periódico que deben procurar los líderes hacia sus subordinados.

3. El modelaje de conductas valiosas del supervisor a sus subalternos. Esto, a través de la identificación y comprensión de sus propias habilidades, el fortalecimiento de su autoestima y la fijación de sus objetivos personales.

4. Y cómo cuarto componente que conecta las acciones del liderazgo transformacional, encontramos la aceptación y el compromiso del rol comunicacional que debe asumir el líder como el elemento que le ayude a

Modelo de Competencia Pigmalión para el Liderazgo

potenciar su escucha, a estimular la co-creación con los empleados y a fortalecer su sentido de pertenencia; para generar más y mejores resultados en el comportamiento y los logros de ellos.

El E-Book **MODELO DE COMPETENCIA PIGMALIÓN PARA EL LIDERAZGO** lo escribí con el objetivo y la sólida convicción de que los jefes tradicionales y los nuevos líderes que lo lean, puedan tener una herramienta que les permita comprender y potenciar su "perspectiva de liderazgo", haciendo algunos pequeños ajustes en su actuación, lo que les permitirá cambiar las expectativas, percepciones y motivaciones de sus trabajadores; traduciéndose en mayor rendimiento, profundo sentido de pertenencia, y una disposición más constructiva de los miembros de la organización.

Estoy seguro que el libro será de gran utilidad para tu día a día. ¡Disfrútalo!

Rómulo Castro Cáceres.

Modelo de Competencia Pigmalión para el Liderazgo

PIGMALIÓN Y GALATEA, MITO E INVESTIGACIÓN

> *"Trata a un ser humano como es y seguirá siendo como es. Trátalo como puede llegar a ser y se convertirá en lo que puede llegar a ser."*
> **Johann Wolfgang von Goethe.**

LA HISTORIA DEL MITO

Para comprender el origen del Efecto Pigmalión, es importante primero que sepas que éste tiene su génesis en un mito, el mito de Pigmalión y Galatea.

Pygmalion de Jean-Baptiste Regnault de 1786, Musée National du Château et des Trianons.

Modelo de Competencia Pigmalión para el Liderazgo

La historia narra que el rey de Creta llamado Pigmalión, buscaba a la mujer perfecta para ser su compañera. Como no la encontraba en ninguna parte, se propuso hacer una escultura que tuviera todos los atributos que él buscaba en esa mujer ideal.

Cuando Pigmalión esculpió la figura, plasmó en ella muchas cualidades físicas y la representación de diversos valores: la figura poseía amor, belleza, generosidad, libertad, perfección, realismo, sensibilidad, así como muchas otras virtudes. La obra de Pigmalión fue tan maravillosa, que al terminar se enamoró perdidamente de la imagen, a la que bautizó como "Galatea".

La diosa griega Afrodita, que había prestado atención a las angustias de Pigmalión durante todo el proceso para llegar a la magnífica escultura, se conmovió al ver el amor que Pigmalión sentía por Galatea; y decidió intervenir para darle vida a la estatua.

En su poema "Las Metamorfosis", el poeta y escritor romano Ovidio narra sobre este pasaje del mito: «Pigmalión se dirigió a la estatua y, al tocarla, le pareció que estaba caliente, que el marfil se ablandaba y que, deponiendo su dureza, cedía a los dedos suavemente... Al verlo, Pigmalión se llenó de un gran gozo mezclado de temor, creyendo que se engañaba. Volvió a tocar la estatua, y esta vez se cercioró de que era un cuerpo flexible y que las venas daban sus pulsaciones al explorarlas con los dedos».

Pintura representando a Pigmalión, de Bronzino (1530).

De esa forma Galatea se transformó en una mujer real y Pigmalión encontró a su mujer ideal, viviendo felices para siempre.

Como podemos imaginar, fueron entonces el deseo y las grandes expectativas de Pigmalión los que determinaron las circunstancias para que la estatua se convirtiera

Modelo de Competencia Pigmalión para el Liderazgo

en la mujer de sus sueños. Se hizo real el sueño que tienen los escultores que sus estatuas de piedra tengan mucha más vida que solo un simple trozo de piedra.

EL ESTUDIO DEL EFECTO PIGMALIÓN

En el año 1968 se llevó a cabo, en un pequeño instituto educativo de California en Estados Unidos, uno de los estudios psicológicos más importantes del siglo XX, que sería conocido como el "Efecto Rosenthal" o, definitivamente, como el **Efecto Pigmalión**.

Robert Rosenthal.

El doctor Robert Rosenthal era un científico norteamericano muy importante que dedicaba parte de su actividad a investigar cómo las expectativas que tenemos las personas acaban influyendo en lo que nosotros mismos vemos a nuestro alrededor.

Por otra parte, la profesora Lenore Jacobson, quien era la directora de un instituto educativo de California, un día se encontró con las investigaciones de Rosenthal y le escribió una carta con el objetivo de que trabajaran juntos, aplicando esos estudios que él estaba haciendo, a los alumnos del instituto que ella dirigía.

Rosenthal aceptó la invitación y, a partir de ese momento, trabajaron en el diseño de un experimento que pondrían en práctica al principio del curso del siguiente año. El experimento consistía inicialmente en tomar a 300 alumnos y realizarles una prueba de inteligencia para saber las capacidades de cada uno.

Al repasar los resultados obtenidos, pudieron confirmar que todos los alumnos tenían más o menos el mismo nivel de inteligencia y que no había ninguno que despuntara significativamente en comparación con los demás.

Lenore Jacobson.

A continuación seleccionaron al azar a un pequeño grupo de los alumnos y escribieron informes con información falsa, que hicieron llegar a los profesores,

Modelo de Competencia Pigmalión para el Liderazgo

explicándoles que ese pequeño grupo de alumnos "había obtenido unos resultados extraordinarios en las pruebas de inteligencia", con supuestas enormes capacidades intelectuales, y que "se podía esperar mucho de ellos durante ese curso".

Con ese informe simulado, terminó la primera fase el experimento y Jacobson y Rosenthal se dedicaron durante los siguientes 8 meses a observar y esperar a que culminara el curso académico.

Una vez terminado el curso, los investigadores volvieron a realizar el test de inteligencia a los mismos 300 alumnos del instituto, encontrando esta vez que ese pequeño grupo de estudiantes, a los que les habían escrito informes falsos diciendo que eran mucho más inteligentes que los demás cuando realmente tenían el mismo nivel de inteligencia que sus compañeros; finalmente habían logrado un incremento de su IQ (coeficiente intelectual), con unos resultados muy superiores al resto de los demás.

¿Pero qué sucedió?

Mediante los informes falsos escritos al principio del curso, Rosenthal y Jacobson habían transformado las expectativas que tenían los profesores acerca de sus alumnos, y estas expectativas fueron influenciadoras y determinantes.

- Algunos estudiantes que inicialmente eran iguales al resto comenzaron a recibir de modo inconsciente de parte de sus profesores, un trato diferenciado, recibiendo un mayor contacto visual.
- Cuando estos particulares alumnos se equivocaban, los profesores no lo atribuían a que no tuvieran suficientes capacidades, sino que posiblemente no habían comprendido bien el mensaje que les estaba dando su profesor. Esto hacía que los profesores les repitieran más veces la información y dieran más detalle en las explicaciones que al resto de los alumnos.
- Los profesores animaban más al grupo experimental que al resto de los alumnos, y les brindaban una serie de oportunidades que el resto de los compañeros no tenían. Todo esto ocurría porque los profesores tenían la convicción de que podían esperar mucho más de ese grupo de alumnos.

En conclusión, las falsas expectativas que tenían los profesores sobre ese pequeño grupo de estudiantes se terminaron cumpliendo y al final del experimento, los

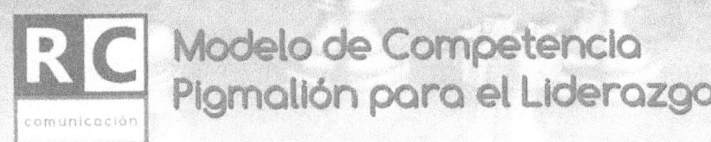

alumnos seleccionados por Rosenthal y Jacobson tuvieron unos resultados académicos muy superiores que el resto de sus compañeros.

El informe detallado del estudio de Rosenthal y Jacobson quedó plasmado en el libro "**Pigmalion en el salón de clases: expectativas de los maestros y desarrollo intelectual de sus alumnos**".

No es magia... nuestra conducta es influyente

Las personas reaccionamos generalmente a la manera y la forma en que percibimos las situaciones; por ello le damos distintos significados. En ese sentido, nuestro comportamiento lo determina nuestra percepción y los significados que le damos a las situaciones en las que nos encontramos.

"Percepción". Foto cortesía creativaimages.com

Independientemente de que una situación tenga significado o no para nosotros, siempre nos adaptaremos a la percepción que nos genere dicha situación, lo que nos influenciará positiva o negativamente en nuestra realidad.

Al respecto, el psicólogo español Alberto Soler Sarrió explica que "en ocasiones las expectativas que tenemos acerca de nosotros mismos, así como acerca de la gente que nos rodea, pueden influir de una manera tremenda en el resultado final que se acaba produciendo.

Pero esto no ocurre de manera mágica, sino mediante las acciones que llevamos a cabo, porque nosotros mismos, inconscientemente modificamos nuestra conducta, modificamos cómo nos comportamos y hacemos que eso acabe sucediendo"; tal y como demostró el experimento de Rosenthal y Jacobson, que es reconocido como uno de los factores que influyen en la motivación de las personas.

Es importante tener altas expectativas respecto a nuestros interlocutores, porque ellas influyen de forma determinante en la autoestima, la motivación y en el comportamiento en general.

Portada del libro de Rosenthal y Jacobson.

Modelo de Competencia Pigmalión para el Liderazgo

Resumen del capítulo
- La metáfora que surge de la historia de Pigmalión y Galatea trata de la búsqueda de la representación de los valores, partiendo de que son el deseo y las expectativas del ser humano las que determinan el moldeado de esos valores.
- La conducta de las personas pude ser influenciada positiva o negativamente, si las perspectivas de su líder (muchas o pocas) son modeladas.
- El nivel de las expectativas de los líderes influye sensiblemente en la autoestima, la motivación y el comportamiento de sus seguidores.

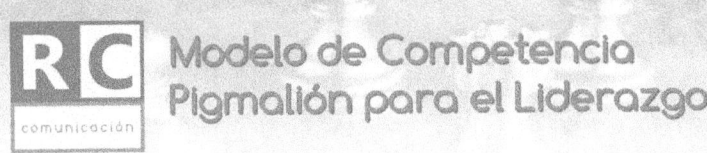

Modelo de Competencia Pigmalión para el Liderazgo

PIGMALIÓN EN EL LIDERAZGO

El gerente que espera mejores resultados de su personal y logra transmitirle esa expectativa, estimula un rendimiento superior, en beneficio de ellos y de la propia empresa.
J. Sterling Livingston

El doctor J. Sterling Livingston, profesor de administración de la Universidad de Harvard, basado en los estudios sobre el Efecto Pigmalión de Robert Rosenthal y Lenore Jacobson, investigó acerca de cómo las expectativas del gerente influyen en el comportamiento de sus subalternos, lo que lo llevó a escribir en 1969 un artículo científico en la revista Harvard Bussines Review conocido como "Pigmalión en la gerencia", en el cual explica cómo las pocas o malas expectativas que los líderes tenían sobre sus colaboradores, impactaban sensiblemente en como respondían los lineamientos.

J. Sterling Livingston

Entre algunas de sus conclusiones, el doctor Livingston asegura: "Algunos gerentes tratan a sus subordinados en una forma que induce a una actuación inferior a lo que estos son capaces de lograr. La manera en que los gerentes tratan a su personal está influenciada sutilmente por lo que se espera de ellos".

Otra conclusión a la que llega Livingston es que si las expectativas del líder son altas, es posible que los resultados también sean muy altos; pero si ocurre lo contrario, que las expectativas son pobres, entonces la influencia que el líder ejerce sobre los colaboradores será negativa y los resultados serán insignificantes. Es como si existiera una especie de "ley" que causara que la productividad fuera alta o baja según las expectativas del líder. Estas reflexiones nos señalan la importancia de la

Modelo de Competencia Pigmalión para el Liderazgo

contribución de los líderes hacia sus colaboradores, y nos conduce de nuevo a la gran influencia que tiene la aplicación del Efecto Pigmalión.

PIGMALIÓN Y LA PROFECÍA AUTOCUMPLIDA

El Efecto Pigmalión, también denominado por el sociólogo Robert K. Merton, como la "profecía autocumplida", es la perspectiva que incita al líder a actuar en formas que hacen que sus expectativas se cumplan.

En psicología y pedagogía, se refiere a la potencial influencia que ejerce la creencia de una persona en el rendimiento de otra.

En pocas palabras, se puede definir como el efecto de "persuasión" que genera el líder en los colaboradores al conectarse con ellos, hacer empatía, motivarlos y reforzar su autoestima. Es la acción de reconocer y exaltar todas aquellas habilidades que poseen los trabajadores y que eventualmente les permitirán lograr objetivos.

La profecía autocumplida". Imagen cortesía Depsicologia.com

En líneas generales, el Efecto Pigmalión te permite centrarte en los aspectos positivos de tus interlocutores, en señalarles, destacarles y sacar a flote sus fortalezas escondidas y a darles la mayor importancia. Se podría definir también como el "suceso por el que una persona consigue lo que se proponía previamente, a causa de la creencia de que puede conseguirlo".

Sin embargo, hay que tomar muy en cuenta que las fallas y los desaciertos también pueden emerger negativamente.

Distintos efectos

Pigmalión Positivo o **Efecto Pigmalión propiamente dicho:** produce un efecto positivo en el sujeto, de forma que afianza el aspecto sobre el cual se produce el efecto, provocando un aumento de la autoestima del sujeto y del aspecto en concreto.

Modelo de Competencia Pigmalión para el Liderazgo

Pigmalión Negativo o **Efecto Golem:** produce que la autoestima del sujeto disminuya y que el aspecto sobre el que se actúa disminuya o incluso desaparezca. Un ejemplo lo encontraríamos en aquel líder que piensa que un colaborador es menos productivo que otro. De esta manera, lo más probable es que los retos que le plantee al que considere menos productivo sean más sencillos y, sin quererlo, de esta manera hará que el colaborador tenga menos rendimiento.

Distintos ámbitos

En lo educativo: Como expliqué al principio, Rosenthal y Jacobson estudiaron el efecto Pigmalión en el aula de clases, desde la perspectiva de la teoría de la profecía autorrealizada, entendida como uno de los factores que influyen en la motivación de los alumnos.

En lo laboral: Retomando el efecto que se genera en la gerencia, si un empleado recibe la continua aceptación de su líder, es muy posible que aquél hacer alarde de un alto desempeño en sus funciones y, por tanto, su rendimiento sea más efectivo. Pero al contrario, si sus potenciales son siempre objetados por el líder, generará un aumento de su indiferencia y desmotivación, traduciéndose en una sensible disminución de la calidad del trabajo.

En lo personal: El economista y especialista en Alta Gerencia, Carlos Ramírez Varela, describe que "la confianza que los demás tengan sobre nosotros puede darnos alas para alcanzar los objetivos más difíciles". Esta es la base del Efecto Pigmalión desde el punto de vista personal, que la psicología social encuadra como "un principio de actuación a partir de las expectativas ajenas". Lo que podría traducirse como que las profecías tienden a realizarse cuando existe un fuerte deseo que las impulsa.

Ilustración de Nicoletta Ceccoli

"Es una desafortunada realidad el hecho de que damos demasiada importancia a como nos ven y qué esperan de nosotros, y hacemos grandes esfuerzos por conseguir la aprobación de quienes permitimos manejen nuestra vida. Estamos siendo tocados por el Efecto Pigmalión y terminamos navegando en el proceloso

mar de lo que creen que somos, lo que queremos ser y lo que realmente somos", comenta Ramírez Varela.

En lo Social: En todos los grupos sociales, la tradición cultural nos asigna normas de comportamiento a la que debemos adaptarnos, generando así etiquetas sociales. Es como el caso de la persona que viste de traje y corbata y trabaja en una gran empresa multinacional, entonces esa persona "debe ser un gran gerente". Se puede decir entonces, que finalmente deberíamos terminar siendo lo que los demás esperan que seamos".

En defensa del efecto Pigmalión

Revisando y releyendo diversas opiniones, he encontrado que una de las críticas importantes que se hace al Efecto Pigmalión es debido a su "grado de ambigüedad", sobre todo cuando se plantea que el líder, por su grado de percepción y bajas expectativas, en algunos casos transmite elementos que pueden impactar negativamente el rendimiento de sus supervisados.

¿Joven o anciana? Ambigüedad, todo está en las expectativas.

Por ejemplo, retomando los resultados del estudio "Pigmalión en el salón de clases" de Rosenthal y Jacobson, podemos observar que los resultados académicos de algunos alumnos fueron más positivos de lo esperado y que otros fueron más negativos, sin dar por ello pie a ningún tipo de ambigüedad, confusión o incertidumbre.

La frase Pigmalión: sujeto, expectativa y consecuencia

En los siguientes capítulos del E-Book te mostraré en detalle y con ejemplos cómo la motivación, la autoestima y el sentido de pertenencia, entre otros elementos de la realidad organizacional impactan de manera positiva o negativa la ejecución del Efecto Pigmalión.

Por lo pronto quiero que analices los siguientes ejemplos de situaciones que te pueden suceder como líder en tu organización:

Imagina que llegas a la oficina donde están tus subalternos y observas a uno de ellos, al que le tienes particular aprecio. No te das cuenta en el momento pero entras con una gran sonrisa y además hablas con un tono afectuoso. A continuación

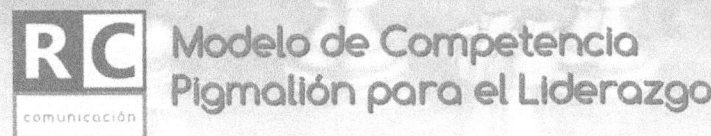

Modelo de Competencia Pigmalión para el Liderazgo

le pides que realice algunas actividades que, además de contribuir con los objetivos de la empresa, le permitirán incrementar su desarrollo intelectual. Hasta ese momento tu colaborador no tenía ninguna posición definida (ni buena ni mala) hacia ti, pero ante estos alicientes que percibe, es más sencillo que comience a sentir mayor estima por tu persona.

Sin darte cuenta, has activado lo que yo llamo la "frase Pigmalión" que, así como en la construcción de una oración, se han alineado tanto tú como sujeto, tus expectativas y la consecuencia de tus acciones como líder. En este caso, el resultado de la relación con tu colaborador ha llegado a la situación que tenías en mente, pero que ha sido favorecida por acciones propias que no habías observado y que realizaste inconscientemente, como la sonrisa y el tono amigable al pedir la acción.

Otros ejemplos del cumplimiento de la "frase Pigmalión:"

Sujeto	Expectativa	Consecuencia
El escultor Pigmalión	Convertir una estatua suya en algo tan hermoso que fuera único.	El deseo por la perfección hizo que la estatua Galatea se convirtiera en una mujer real.
Un jefe de Recursos Humanos	El técnico más joven y con menos experiencia debe ser capaz de asumir un alto cargo en poco tiempo.	Al cabo de dos años se convierta en líder de la Gerencia Técnica de la empresa.
La madre con una rara enfermedad	El hijo desea conseguir la cura para sanar la enfermedad de su madre.	El joven estudia una carrera científica y se hace experto en el padecimiento.

Ahora piensa en este otro caso con el mismo resultado, en el que consigues el fin que tienes en mente, pero con un resultado negativo. Por ejemplo, hay un colaborador al que no aprecias, aunque no sepas cuál es la razón para ello, o ni siquiera te habías percatado de ello. Por el otro lado, el colaborador tiene un tipo de opinión neutra hacia tu persona.

Modelo de Competencia Pigmalión para el Liderazgo

Foto cortesía Arrizabalagauriarte.com

En este caso cuando llegas a la oficina, vienes cargado emocionalmente y sin darte cuenta, en un tono imperativo, le asignas una tarea que está muy por debajo de su capacidad, por ejemplo, transcribir unos apuntes tuyos; lo que hace que el colaborador tenga más probabilidades de acabar realizando solo ese trabajo, pues recibe tus estímulos que le dirigen hacia esa situación única. Como resultado, te cuestionas: "sabía que él no podría dar más"; sin darte cuenta de que muchas actitudes que muestra el colaborador son creadas por ti como líder.

Es en estos casos cuando te cuestionas: "qué más hace falta para que esta persona pueda dar más de sí", y no te haces la pregunta que puede llevar tal vez a la respuesta más clara: "qué estoy dejando de hacer como líder para que el colaborador logre las expectativas que tengo sobre él".

En este sentido entonces podemos decir que el éxito está condicionado a las expectativas. Parece "mágico" que las expectativas que tengamos hacia los demás, o que los demás tengan hacia nosotros, puedan condicionar el éxito o el fracaso en las acciones.

Modelo de Competencia Pigmalión para el Liderazgo

"La expectativa de otros influye en nuestro rendimiento". Imagen cortesía Globedia.com

Pero el Efecto Pigmalión, además de ese "halo casi mágico" que lo rodea, tiene su base en la ciencia.

Hoy sabemos que cuando alguien confía en nosotros y nos contagia esa confianza, no se trata más que de nuestro sistema límbico que acelera la velocidad de nuestro pensamiento, que incrementa nuestra lucidez, nuestra energía y en consecuencia nuestra atención, eficacia y eficiencia.

El director del Máster de Salud Digital en la Universidad Europea Miguel de Cervantes, José María (Chema) Cepeda, plantea que cuando alguien nos anima, nos motiva y realmente cree en nosotros, entonces nos contagiamos de esas creencias y nos avocamos a alcanzar esos objetivos.

En resumen, los seres humanos somos muy sensibles a las expectativas de otros, de forma que estas expectativas condicionan inevitablemente nuestras acciones.

Modelo de Competencia Pigmalión para el Liderazgo

DEFINIENDO EL EFECTO GALATEA

A diferencia de Pigmalión, el efecto Galatea se refiere a las opiniones y a las expectativas que tenemos de nosotros mismos y a la relación con nuestro rendimiento y resultados, es decir, aquí no hablamos de lo que pensamos o esperamos de otro, ni qué piensan y esperan los otros de nosotros, sino lo que pensamos, creemos y esperamos de nosotros mismos.

Julian B. Rotter

El efecto Galatea tiene una conexión directa con el término "locus de control interno", introducido por el psicólogo Julian Rotter en 1966 en su "Teoría del Aprendizaje"; donde explica que es la percepción que tienen las personas respecto a que los eventos ocurren principalmente como efecto de sus propias acciones, es decir, el grado en que las personas sentimos que tenemos el control de lo que ocurre en nuestras vidas.

De este modo, se puede afirmar que una persona tiene muchas más probabilidades de éxito cuando trabaja mentalmente para el logro.

En pocas palabras, son las convicciones que tenemos sobre nuestro propio éxito o fracaso.

Galatea y el modelaje del líder

El Efecto Galatea plantea que cuanto más convencido estés de tu capacidad para alcanzar una meta, más probable será que la logres. De la misma manera, podría decirse que cuando no posees la convicción de ser capaz, aumenta la probabilidad de que no lo seas. Es decir, las creencias genuinas sobre nosotros mismos determinan en gran medida el resultado de nuestros planes. La frase "creer es poder" es la máxima de este efecto.

Hay un aspecto interesante en el efecto Galatea y es que no solamente opera sobre nuestro mundo interno y nuestra capacidad de logro. También tiene un indiscutible efecto grupal; es decir, que se refleja en otros: si estamos convencidos de que somos capaces, también es muy probable que inoculemos esa *visión* en los demás. De igual forma, si dudamos de lo que podemos lograr, es muy probable que los demás actúen de la misma forma.

Modelo de Competencia Pigmalión para el Liderazgo

El Efecto Galatea, desde el punto de vista de la gerencia en las organizaciones, tiene su fundamento en el modelaje de comportamiento que debe estimular el líder hacia sus colaboradores, compañeros, pares, incluso hacia sus propios jefes, para el logro de los objetivos de la empresa. Más adelante explicaré detalles para comprender mejor el elemento de modelaje en el liderazgo.

También, desde el punto de vista del líder, el Efecto Galatea se manifiesta como la capacidad que hay que tener para modelar el autorreconocimiento.

Tiene que ver con el lugar mental en el que como líder te posiciones respecto a tus metas y cómo tus pensamientos pueden influir para que logres o no un determinado objetivo.

Pigmalión y Galatea, 1890, Jean-Leon Gerome

Modelo de Competencia Pigmalión para el Liderazgo

Resumen del capítulo

- Los líderes deben tratan a sus subordinados en una forma que esté influenciada por lo que se espera de ellos.
- Mientras más altas son las expectativas de los líderes respecto al desempeño de sus supervisados, los resultados serán más altos y de calidad. Mientras que si las expectativas son pobres, los resultados serán igualmente deficientes. Esto último es lo que denominamos efecto Pigmalión negativo.
- Ciertas acciones realizadas de forma inconsciente por parte de los líderes (gestos, emociones, etc.) también tienen un alto grado de influencia en el desempeño de los colaboradores.
- En tanto el líder se convence de su propia posibilidad de alcanzar metas complejas y en general, estará logrando un efecto de modelaje en sus trabajadores.
- Las expectativas del líder por sí solas no generan un impacto en el colaborador, a menos que logre un proceso de modelaje que influya en ellos.

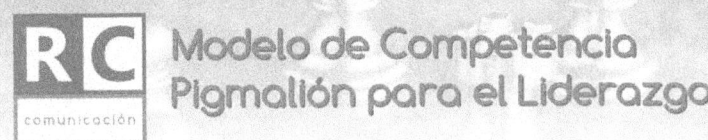

Modelo de Competencia Pigmalión para el Liderazgo

PARADIGMAS DE PIGMALIÓN Y GALATEA COMO COMPETENCIAS DEL LIDERAZGO

Los líderes deben reclutar las mentes y los corazones de suficientes personas a través de toda la organización, con la suficiente energía e inteligencia para crear compromiso, movilizar acción y hacer que los cambios se concreticen.
John P. Kotter

En este capítulo te presento dos paradigmas o modelos que he plasmado con base en el Efecto Pigmalión y Galatea, con el objetivo de que puedas desarrollar una sencilla metodología de gestión, que te permita fortalecer tus competencias como líder organizacional, para poder lograr el compromiso necesario de tus colaboradores.

PARADIGMA ORGANIZACIONAL DEL EFECTO PIGMALION

Esta orientación del Efecto Pigmalión tiene su punto de partida en la "perspectiva" o visión que debe tener el líder organizacional para responder a la necesidad de alinear, motivar, integrar a los supervisados y generar un verdadero sentido de pertenencia hacia la institución. En este caso, tu perspectiva como líder depende de dos elementos particulares:

- Primero, el nivel de **expectativas** que posees respecto a tus subalternos.
- Segundo, el grado de **reconocimiento** que generes hacia tus colaboradores.

De ello se desprenden luego dos consecuencias:

1. En la medida en que tengas **mayor o menor nivel de expectativas**, en esa medida se generará **mayor o menor motivación** por parte del colaborador.
2. En la medida en que generes **más o menos reconocimiento** por el esfuerzo y los resultados del colaborador, en esa medida habrá un **mayor o menor rendimiento** de sus resultados.

Modelo de Competencia Pigmalión para el Liderazgo

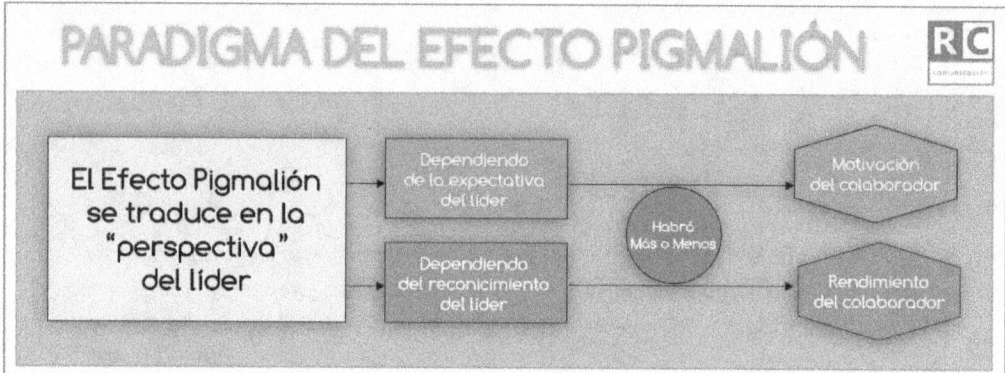

Infografía de Rómulo Castro

El Paradigma de Pigmalión se trata entonces de la capacidad que tienes como líder, directivo o mánager, de **identificar y priorizar tus expectativas, reconocer las aptitudes y los logros de tus subordinados y equipos de trabajo; y generar la mayor motivación para estimular un alto rendimiento de tus supervisados**.

Por ejemplo, si esperas lo mejor de un colaborador y eres capaz de transmitirle esta percepción a través de tu reconocimiento, es muy probable que tu supervisado muestre un alto rendimiento, como resultado de la motivación que le has contagiado.

En cambio, si un subordinado percibe que su supervisor no confía en sus capacidades y que tiene bajas expectativas respecto a su rendimiento, es muy probable que ese colaborador cometa un error, u obtenga resultados negativos.

Si logras dominar esta teoría correctamente, como líder tendrás la oportunidad de **aumentar la confianza y autoestima** de tus trabajadores, logrando **transmitirles expectativas positivas** para que puedan **desarrollar sus competencias y mejorar su potencial**.

Proceso de la profecía autocumplida

Como agregado al modelo organizacional del Efecto Pigmalión, a continuación explicaré su proceso, a través de un par de infografías que ilustran cómo deberías aplicar la metodología basado en tus "expectativas" y en el "reconocimiento" que ofreces a tus colaboradores:

Modelo de Competencia Pigmalión para el Liderazgo

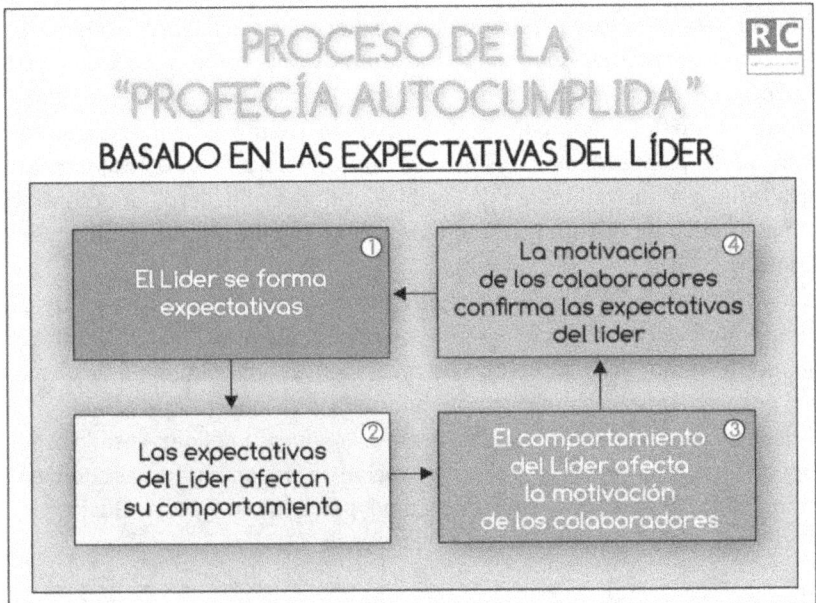

Infografía de Rómulo Castro

1. Como primer paso, debes formarte "expectativas" positivas reales respecto a tus colaboradores y hacerlas conscientes, reconociendo que toda expectativa que te hagas es eso, una expectativa, que tendrás que analizar y prepararte para transmitirla de forma efectiva:
    a. Qué esperas real y tangiblemente de ellos.
    b. Cómo te gustaría que desarrollen su trabajo.
    c. Cómo visualizas su participación en la toma de decisiones del equipo.
2. Cuando inicias el proceso de formación de expectativas, debes ser muy sincero contigo mismo respecto a la relación que tienes con cada uno de tus supervisados, puesto que ese proceso de formación de expectativas comenzará a impactar sensiblemente tu comportamiento hacia ellos. Es decir, que si tus expectativas hacia algún colaborador no están lo suficientemente claras, no son alcanzables fácilmente, tienes poca empatía hacia ellos o existe algún elemento que distancie la relación personal; cualquiera de estos elementos afectará tu percepción así como tu comportamiento hacia ellos.

Modelo de Competencia Pigmalión para el Liderazgo

3. El tercer paso del proceso basado en las expectativas del líder se refiere a que ese comportamiento que comienzas a mostrar, como resultado de las expectativas positivas que te has formado, impactará considerablemente la motivación de tus colaboradores; de tal manera que mientras más expectativas positivas te plantees, más positivo será tu comportamiento respecto a tus subalternos; lo que redundará en una mayor motivación. Pero por el contrario, si tus expectativas son insuficientes o son débiles, tu actitud generará desmotivación en tus colaboradores.

   La motivación en los subordinados es de vital importancia debido a que ellos darán todo de sí en pro del objetivo personal u organizacional. La motivación laboral se da mediante la relación de recompensas y rendimiento; ya que este tipo de incentivos les da mérito o reconocimiento a labores asignadas.

4. El último paso del proceso de la profecía autocumplida, basado en las expectativas, confirma al líder si la motivación de los colaboradores cumple con los objetivos planteados, sirviendo como pauta para realizar ajustes en el proceso de motivación de sus colaboradores.

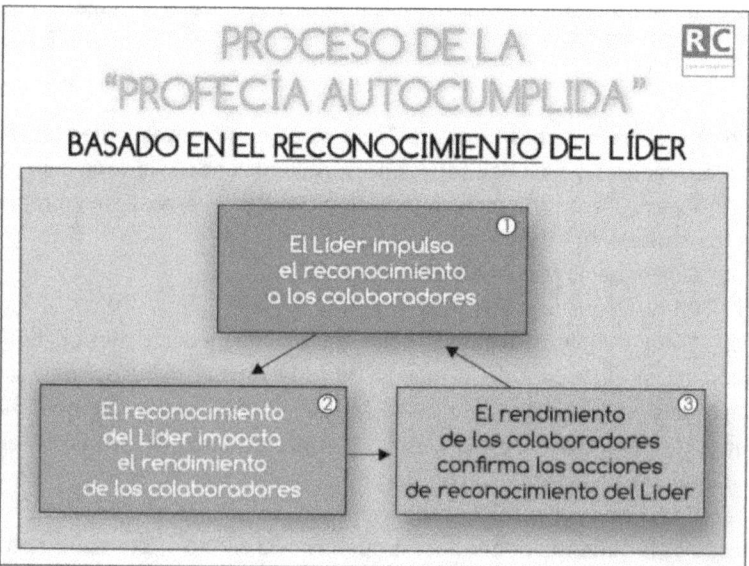

Infografía de Rómulo Castro

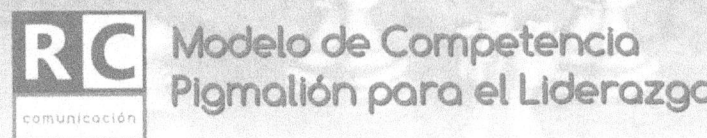

Modelo de Competencia Pigmalión para el Liderazgo

1. En el primer paso del proceso basado en el "reconocimiento", debes planificar mensajes y acciones de reconocimiento respecto al trabajo y los resultados de tus supervisados, y digo "planificar" porque este debe ser un acto racional de escrutinio y transparencia, sin llegar a adular o a impactar negativamente el ánimo de los trabajadores.

   Si logras llevar a cabo un diagnóstico de los resultados de los trabajadores y luego planificas sesiones de feedback individual o reuniones grupales para bridarles tu valoración objetiva y reconocimiento -aunque no sean tan buenos los resultados-, entonces generarás grandes efectos en cada uno de ellos, lo que se traducirá en una mayor motivación individual y grupal. Más adelante veremos algunas recomendaciones que te servirán para diseñar el plan de reconocimiento a tus supervisados.

2. Como segundo paso, dependiendo de lo efectivo que hayas sido ofreciendo reconocimiento y generando motivación, podrás observar los cambios que se generan en el rendimiento de los colaboradores.

   Como líder debes recordar que en la mente de las personas, el reconocimiento siempre será percibido como un "premio", incluso aunque sean solamente palabras de agradecimiento; mientras que el no reconocimiento o los llamados de atención, siempre serán recibidos como un "castigo". De tal manera que debes hacer un verdadero esfuerzo racional para impactar positivamente en el rendimiento de los subalternos.

3. El último paso del proceso de la profecía autocumplida, basado en el "reconocimiento", sirve para confirmar si la motivación de tus colaboradores está cumpliendo con tus objetivos planteados, valiendo como pauta para realizar ajustes en el proceso de reconocimiento de tus colaboradores, pero además para modelar una actitud positiva hacia ellos.

Matriz de la profecía autocumplida

En este esquema que he denominado "Matriz de Pigmalión", hago un análisis de los resultados cuando se cruza el proceso que tiene como base las "expectativas" que debes formularte con respecto a tus subordinados, y el "reconocimiento" que les ofreces con base en su rendimiento.

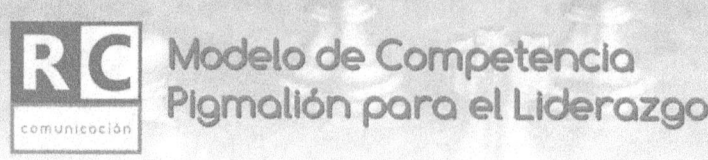

Modelo de Competencia Pigmalión para el Liderazgo

La tabla explica cuál es el resultado que ocurre cuando tienes más o cuando tienes menos expectativas respecto a tus supervisados; y el cruce resultante cuando generas más o menos reconocimiento.

MATRIZ DE PIGMALIÓN

+ EXPECTATIVAS −

RECONOCIMIENTO + / −		
	MOTIVACIÓN PLENA Y ALTO RENDIMIENTO	POCA MOTIVACIÓN Y BUEN RENDIMIENTO
	MOTIVACIÓN RELATIVA Y BAJO RENDIMIENTO	DESMOTIVACIÓN E INCUMPLIMIENTO

ESTRATEGIAS A SEGUIR CON LOS COLABORADORES:

① MANTENER LA MOTIVACIÓN
② EXPLOTAR EL RENDIMIENTO
③ CULTIVAR RELACIONES DE CONFIANZA
④ AFRONTAR LA DESMOTIVACIÓN
⑤ CORREGIR EL INCUMPLIMIENTO
⑥ MEJORAR LA CONEXIÓN EMOCIONAL

Infografía de Rómulo Castro

De acuerdo con este esquema, los resultados serán los siguientes:

I. Si te planteas grandes expectativas y ofreces mucho reconocimiento de calidad; entonces la motivación de tus colaboradores será plena y podrás validar un alto rendimiento en cada uno de ellos.

II. Si tus expectativas no son muchas, pero te enfocas en hacer reconocimiento constante de tus colaboradores; entonces verás un buen rendimiento de su parte, pero percibirás que no muestran suficiente motivación en sus actividades.

III. Si tus expectativas hacia los subalternos son muchas, pero no les brindas suficiente reconocimiento por su trabajo; entonces habrá un fenómeno de relativa motivación entre ellos y por supuesto, de bajo rendimiento en sus resultados.

Modelo de Competencia Pigmalión para el Liderazgo

IV. La situación más compleja en la Matriz de Pigmalión, que requiere de intervención inmediata, es cuando el líder no fija algún tipo de expectativas hacia el colaborador, y además es incapaz de ofrecer alguna muestra de reconocimiento. Esta posición o estilo de gestión genera un impacto muy negativo en los colaboradores, creando desmotivación entre las personas, zozobra, constante incumplimiento y muy bajo rendimiento laboral.

Como puedes ver, se trata entonces de mantener un equilibrio entre el mayor reconocimiento posible y formularte grandes expectativas para lograr la mayor motivación y un alto rendimiento en tus trabajadores.

Recuerda que tu principal responsabilidad como líder es emocional y debes crear resonancia e influencia en aquellos que lideras, sacando lo mejor de ellos.

Qué iniciativas puedes comenzar a adoptar

A. Impulsar y mantener la motivación individual y grupal de forma constante. En este caso, la comunicación efectiva juega un papel fundamental.

B. Explotar el rendimiento de tus colaboradores, haciéndoles sentir que su trabajo es interesante y retador; haciéndolos partícipes de los procesos y de los equipos y asegurándoles honestidad y confianza.

C. Cultivar relaciones de confianza, a través de una actitud empática hacia ellos, que sientan que los escuchas activamente y que les ofreces libertad para pensar y actuar, de tal manera que tus supervisados se sientan seguros y puedan ser abiertos y transparentes.

D. Afrontar la desmotivación, reconociendo tus errores cuando los has cometido con ellos, manteniendo conversaciones asertivas que permitan discutir temas o situaciones complejas pero en el marco del respeto y reconocimiento mutuo.

E. Corregir el incumplimiento, y para ello debes primero descubrir la causa de los incumplimientos, mantener comunicación permanente con los colaboradores, ofrecer feedback constante para buscar soluciones acordadas a la situación que está generando los incumplimientos.

F. Mejorar la conexión emocional con los subordinados, cumpliendo las siguientes recomendaciones:
   a. Ofrecer trabajos interesantes y retadores.

Modelo de Competencia Pigmalión para el Liderazgo

  b. Mostrar aprecio por la persona y por su trabajo.
  c. Utilizar lenguaje positivo.
  d. Ofrecer correcciones y llamados de atención respetuosos.
  e. Apoyar los retos y problemas personales de cada colaborador.

PARADIGMA DE GALATEA

El Paradigma de Galatea es el sistema que explica cuáles son los elementos en los que debes hacer foco como líder para lograr un modelaje efectivo en tus colaboradores, lo que les permitirá "querer", "poder" y "conseguir" las metas que esperas de ellos en forma práctica.

El sistema parte entonces del logro de un modelaje eficaz para generar la motivación, el entusiasmo y compromiso en los subalternos, pero este modelaje sólo se logra con la convicción que debe tener el líder de sí mismo, el reconocimiento de sus capacidades y fortalezas y la disposición a construir realidades positivas.

El Paradigma de Galatea en pocas palabras lo defino como la capacidad que debe tener el líder de modelar en sus colaboradores su auto reconocimiento. Esto tiene que ver con el lugar mental en el que nos posicionemos respecto a nuestras metas y cómo nuestros pensamientos pueden influirnos para que logremos o no un determinado objetivo.

De esta manera, mientras más convencidos estamos de ser capaces de hacer algo, mayor es la probabilidad de lograrlo; y por lo tanto, mayor es la posibilidad de transmitir efectivamente esta realidad a nuestros interlocutores.

Dibujo: "El poder de las imágenes" de José Luis Ágreda

A diferencia del Efecto Pigmalión, el efecto Galatea hace referencia a las opiniones y a las expectativas que tenemos de nosotros mismos y a la relación con nuestro rendimiento y resultados; es decir que no hablamos de los que pensamos o

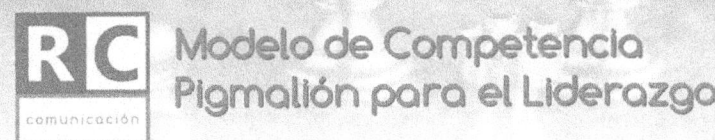

Modelo de Competencia Pigmalión para el Liderazgo

esperamos de otro, ni de lo que los otros piensan y/o esperan de nosotros; de lo que se trata es de lo que pensamos, hacemos y esperamos de nosotros mismos.

Para completar el círculo, el Efecto Galatea no solamente opera sobre nuestra capacidad de logro como líderes; también tiene un profundo efecto colectivo; es decir, que se proyecta e influye en otros.

Si tenemos la convicción de que somos capaces de algo, es muy probable que hagamos modelaje de esa creencia en los demás. Sin embargo, si dudamos como líderes de lo que podemos hacer, es probable que nuestros colaboradores también duden de lo que pueden lograr.

Comprendiendo qué es el Modelaje

Una gran parte del aprendizaje y de las habilidades que adquirimos depende de la observación de la conducta de otros. Esto lo conocemos como "modelaje".

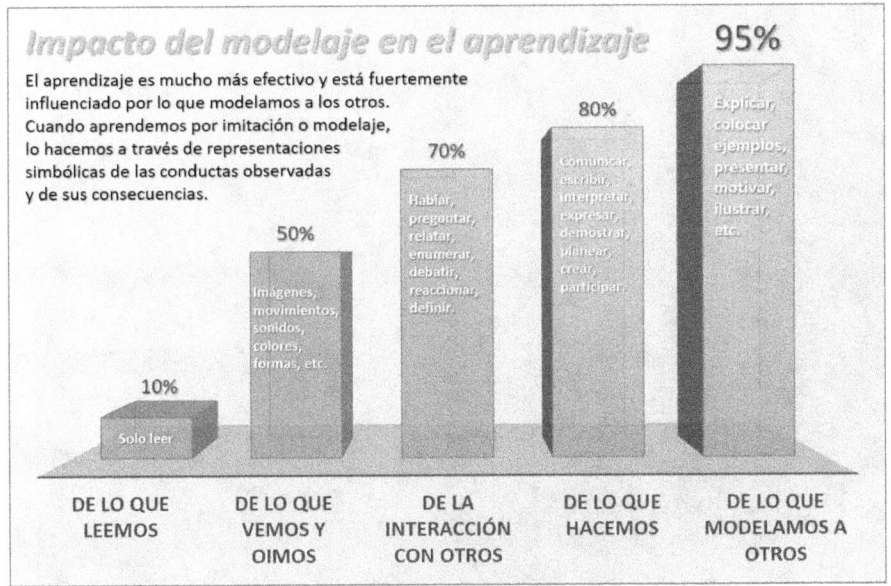

Adaptación Infografía de Rómulo Castro

Modelo de Competencia Pigmalión para el Liderazgo

El término "modelaje" tiene un significado similar a "aprendizaje social". Cada uno de estos conceptos hace énfasis en características distintas. "Modelaje" destaca el hecho de que exista un modelo a imitar, mientras que "aprendizaje social" es un concepto amplio que pone el acento en el papel de este proceso en la socialización.

El modelaje, primordialmente sirve para inspirar nuevos comportamientos, por ejemplo habilidades interpersonales como la escucha atenta, la asertividad o la empatía; pero también puede originar inhibición o desinhibición de conductas; esto dependerá de las expectativas que tenga la persona que emprende el modelaje en relación con las consecuencias que generará.

Según el psicólogo canadiense Albert Bandura, experto en el modelaje y aprendizaje social, existen cuatro procesos que permiten que el comportamiento se adquiera y se ejecute con modelaje.

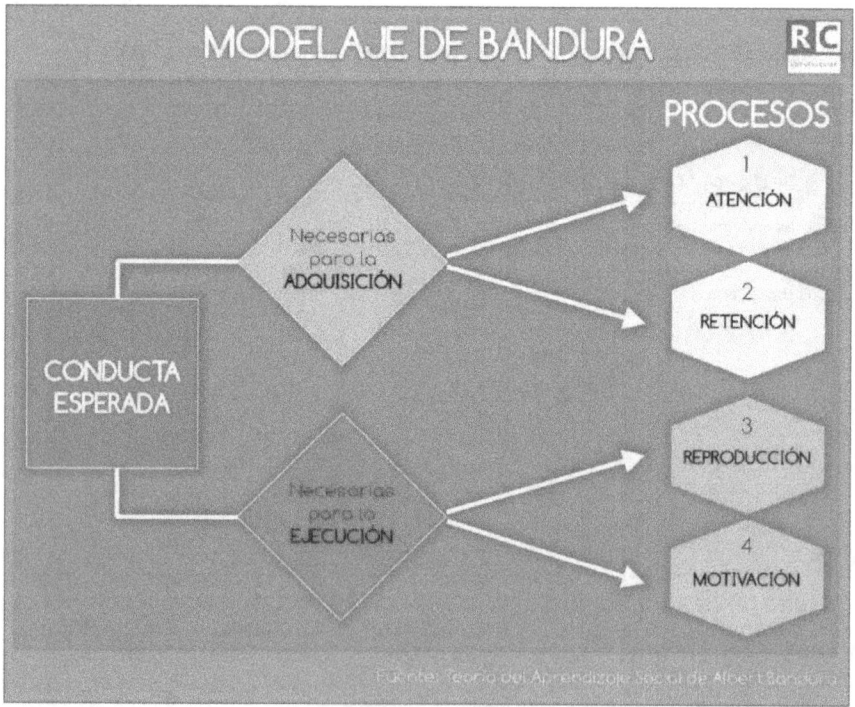

Infografía de Rómulo Castro

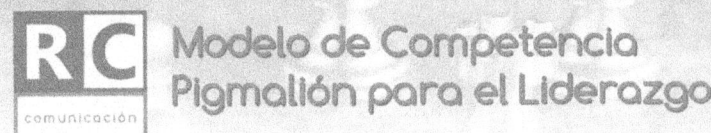

Modelo de Competencia Pigmalión para el Liderazgo

A continuación te presento la propuesta de análisis de A. Bandura llevado al mundo de la gerencia y el liderazgo.

1. La Atención: Los supervisados aprenden nuevas conductas por observación si son capaces de "prestar atención" al comportamiento del líder. Debes tomar en cuenta que distintos tipos de variables facilitan o dificultan el proceso de atención.

Por ejemplo, los colaboradores imitan con más facilidad a los líderes que se parecen a ellos en sus características físicas o sociales, así como a aquellos que perciben como prestigiosos y a los que ofrecen mayores recompensas.

2. La Retención: Para que los colaboradores reproduzcan una conducta que ha sido modelada, es necesario que como líder seas capaz de representarla en forma de imágenes o verbalmente, que seas capaz de "pintarla" en su mente. El poder imaginar y visualizar la idea que planteas es muy importante para la retención de tus trabajadores.

Otro elemento primordial es que tus subalternos puedan asociar el modelaje de una conducta a otros aprendizajes previos que hayan tenido, ya que ello ayuda a una mayor fijación de recuerdos.

3. La Reproducción: La reproducción es el proceso por el cual el modelaje que llevas a cabo se transforma en conducta. Primero generas en tus subordinados un esquema de actuación equivalente a lo que modelaste; luego, se inicia en ellos la conducta como tal y que podrás comparar con el resultado que estás esperando. Al final, podrás realizar ajustes correctivos para aproximar la conducta que estás observando en tus colaboradores a la conducta ideal.

4. La Motivación: Según A. Bandura, el modelaje puede producirse sin que se ejecute una imitación; y esto dependerá en última instancia del valor funcional que la persona atribuya a la conducta adquirida. En este proceso interviene la expectativa de reforzamiento positivo.

En el reforzamiento, los procesos motivacionales son clave para la imitación. Por ejemplo, debes generar la posibilidad de ofrecer incentivos por la conducta que adquieren los supervisados. Estos pueden ser incentivos directos (premios, galardones, promociones, etc) o intangibles, como el llamado salario emocional (elogios, felicitaciones, reconocimientos públicos y privados).

Modelo de Competencia Pigmalión para el Liderazgo

Cómo modelar según el paradigma de Galatea

La manera de realizar un modelaje de comportamiento, partiendo del Paradigma de Galatea, se inicia básicamente con tres ejes de actuación del líder. Estos son:

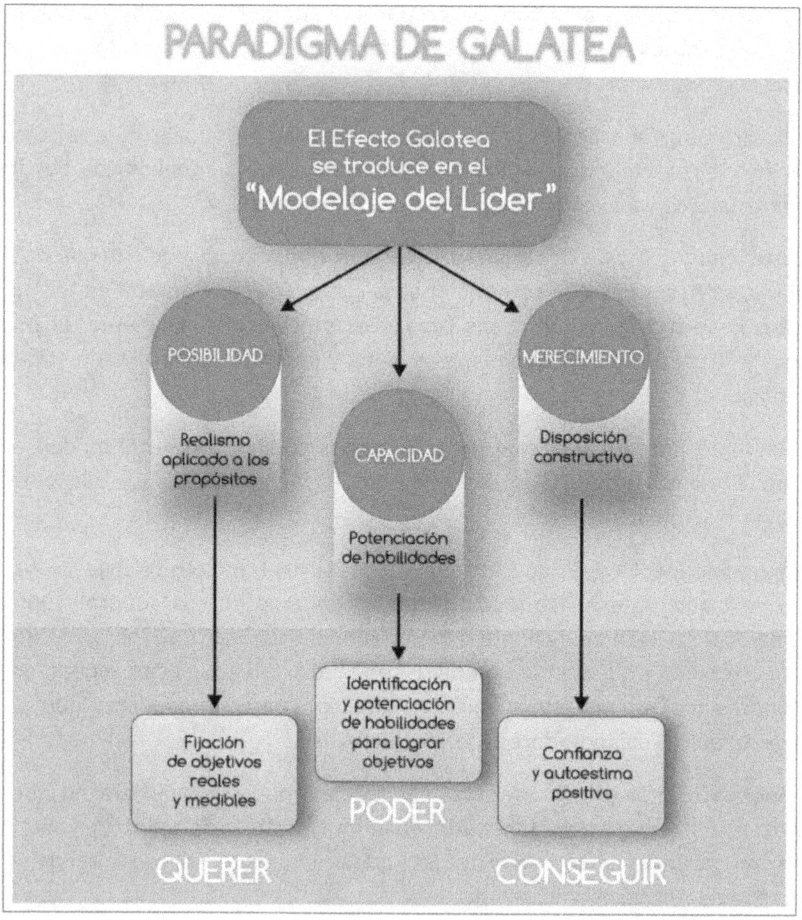

PARADIGMA DE GALATEA

El Efecto Galatea se traduce en el "Modelaje del Líder"

- **POSIBILIDAD** — Realismo aplicado a los propósitos
- **CAPACIDAD** — Potenciación de habilidades
- **MERECIMIENTO** — Disposición constructiva

QUERER: Fijación de objetivos reales y medibles

PODER: Identificación y potenciación de habilidades para lograr objetivos

CONSEGUIR: Confianza y autoestima positiva

Infografía de Rómulo Castro

1) **La posibilidad**, que tiene que ver con el realismo aplicado a los propósitos que te planteas como líder. Es decir que, en primer lugar, debes asegurarte de que tu plan **no está dentro de situaciones imposibles**. Por ejemplo, si tu deseo es el

Modelo de Competencia Pigmalión para el Liderazgo

de convertirte en un líder carismático de la noche a la mañana, sin hacer esfuerzo alguno por motivar a tus colaboradores o forzándolos a tenerte estima, estás entonces ante un deseo imposible. Para lograr tu objetivo debes plantearte posibilidades claras y sobre todo reales. También puedes enfocarte en logros complicados o muy difíciles, pero siempre que estén dentro del marco de situaciones posibles.

2) **La capacidad**, que se refiere a la identificación, el reconocimiento y la potencialización de todas aquellas habilidades que posees como líder y que eventualmente te permitirán lograr tus objetivos. Cualquier persona puede ser capaz de alcanzar objetivos más complejos de los que imagina, siempre que identifique cuál es la visión objetiva y el camino que debe recorrer para conseguir dicho objetivo. Y la búsqueda de la **capacidad del líder** finalmente requiere de mucha confianza en sus propias habilidades, sin necesidad de fijar medidas ni límites, sino tener confianza y convicción en ellas.

3) **El merecimiento**, es el tercer eje de actuación del líder para lograr el modelaje de comportamientos de acuerdo con el Paradigma de Galatea. El merecimiento está asociado a una disposición constructiva de tus potencialidades como líder, lo que crea una autopercepción positiva y un fortalecimiento de tu propia autoestima.

Esto puede parecer que estuviera asociado al mundo de lo metafísico, pero definitivamente es muy real. En la nueva era de la gerencia y el liderazgo, el término mindfulness es asociado, entre otras cosas, a esa actitud de "merecimiento" que debe tener el líder y su autopercepción-positiva, tomando conciencia plena de sus emociones, con el fin de eliminar la frustración o la ansiedad que produce el no poder cambiar ciertas situaciones.

Foto cortesía image.winudf.com

Modelo de Competencia Pigmalión para el Liderazgo

El merecimiento es definitivamente el enfoque que debe tener el líder al confiar racionalmente en sus capacidades, para fortalecer su autoestima.

Algunas preguntas básicas que como líder debes hacerte para alcanzar el tercer eje "Merecimiento" pueden ser:

- ¿Soy lo suficientemente productivo y meritorio como para alcanzar la realización como el líder que quiero ser y esperan que sea?
- ¿Tengo dudas de que pueda serlo?
- ¿Qué creo que me puede llevar a renunciar a mis grandes logros, antes de hacer intentos por alcanzarlos?
- ¿Realmente me veo como alguien exitoso?
- ¿Qué cosas me hacen falta para ser un líder exitoso?
- ¿Qué estoy haciendo y qué estoy dejando de hacer?

En resumen, el Paradigma de Galatea te conmina y te ayuda a realizar un examen destinado a exaltar lo que eres, lo que puedes y lo que mereces conseguir.

Además, desde el punto de vista de tu modelaje, se transforma en una herramienta invaluable para crear comportamientos de autocrítica y potenciación de la autoestima de tus colaboradores; de tal manera que si tienen la clara convicción de "qué quieren", "qué pueden lograr" y "qué merecen alcanzar", estarás logrando un valioso efecto en su productividad.

Modelo de Competencia Pigmalión para el Liderazgo

Resumen del capítulo

- El Paradigma Organizacional de Pigmalión se fundamenta en la perspectiva o visión del líder para alinear a sus colaboradores hacia los objetivos de la organización.
- La perspectiva del líder en el Paradigma de Pigmalión depende del nivel de expectativas que tenga sobre sus colaboradores y del grado de reconocimiento de logros que este genere hacia ellos.
- El Paradigma de Pigmalión se trata de la capacidad del líder de identificar y priorizar sus expectativas, reconocer las aptitudes y los logros de sus subalternos; para aumentar su confianza y autoestima.
- La motivación y el rendimiento de los colaboradores se ve impactado de acuerdo con los niveles de expectativas y de reconocimiento de los líderes.
- El Paradigma de Galatea apunta a la acción de modelaje del líder hacia sus subordinados, para impulsar el "querer", "poder" y "conseguir" las metas que se esperan de ellos.
- De acuerdo con el modelo de Bandura, el modelaje aborda 4 procesos que permiten que el comportamiento se adquiera y se ejecute: atención, retención, reproducción y motivación.

Modelo de Competencia Pigmalión para el Liderazgo

MOTIVACIÓN, AUTOESTIMA, SENTIDO DE PERTENENCIA Y SALARIO EMOCIONAL

Los líderes destacados hacen hasta lo imposible por elevar la autoestima de su personal. Si la gente cree en sí misma, es increíble lo que pueden lograr.

Sam Walton

Inicio este capítulo citando a Samuel Moore Walton (Sam Walton), quien fue un empresario estadounidense, conocido por haber fundado una de las tiendas minoristas más importantes de Estados Unidos y del mundo, Wal-Mart.

El modelo de liderazgo de Walton, en varios aspectos, se fundamenta en el Efecto Pigmalión. A continuación te invito a leer las 10 reglas que implementó para lograr su modelo de negocio.

Sam Walton, fundador de Walmart

1. **Comprométete a triunfar y sé entusiasta**. Debemos estar absolutamente decididos a hacer lo que sea necesario para realizar nuestros sueños. Walton iba al trabajo a las 4:00 am para poder revisar los informes de venta del día anterior y planificar antes de que llegaran los demás ejecutivos.

2. **Comparte el éxito con quienes te han ayudado**. Los equipos son más poderosos que los individuos, por ello la importancia que daba Walton al reconocimiento del trabajo hecho en equipo.

3. **Motiva a los demás a hacer sus sueños realidad**. Procura que tus supervisados se sientan bien <u>motivados</u>. Ayúdalos a realizar cosas que nunca soñaron que pudieran hacer. Cree en ellos y bríndales oportunidades para hacer cosas

impresionantes. Sam Walton siempre tenía grandes expectativas para cualquiera que trabajara con él, independientemente de su origen.

4. **Comunícate con la gente y muéstrales atención e interés**. Crea espacios de comunicación permanente y comparte toda la información posible con tus empleados. Está atento a sus dudas y ayúdalos a entender por completo cómo funciona el negocio. Es una regla clara que mientras más conozcan del negocio y se sientan parte de este, más podrán hacer por ti como líder y por la organización.

5. **Aprecia y reconoce el esfuerzo y los resultados de la gente**. Debes convertirte en un motivador funcional. Debes saber detectar cuándo la gente necesita reconocimiento y qué necesita para sentirse valorada. Asegúrate de elevar la autoestima de los trabajadores y que sean bien reconocidos cuando destaquen es sus trabajos.

6. **Celebra tus propios logros y los de tu equipo**. La celebración de los logros fortalece el sentido de pertenencia de los colaboradores con la organización y fomenta el trabajo en equipo. Una anécdota de Sam Walton es que en un viaje de negocios a Corea, se percató de que todos los empleados de una fábrica que visitaba participaban de las celebraciones. Fue entonces cuando se le ocurrió inventar la ya famosa celebración de Wal-Mart que dice "¡Dame una W! ¡Dame una A! ¡Dame una L…!".

7. **Escucha a los demás y aprende de sus ideas**. Un buen líder es capaz de brindar confianza a sus colaboradores y se plantea que estos no deban reportarle continuamente. Sam Walton creía que su papel era proveer a los empleados todo lo necesario para que lograran satisfacer al cliente.

8. **Busca la manera de superar las expectativas**. Como líderes debemos tener en cuenta que las expectativas son una variable cognitiva importantísima, que sugiere la idea de "anticipación", además son fundamentales a los fines de explicar y predecir un comportamiento o dinámica social, e incluso predecir el motivo de los estados de ánimos. Recordemos que las expectativas constituyen el ingrediente cognitivo fundamental del Efecto Pigmalión.

9. **Controla los gastos y procura prosperar**. El ahorro, el control y racionalización de gastos en la gestión del líder es primordial. Pero esta tarea no debe ser solo tuya. Anima a tus colaboradores a que generen ideas para ahorrar dinero y que la manifiesten.

Modelo de Competencia Pigmalión para el Liderazgo

10. **Avanza siempre contracorriente**. Cada vez que se te presente un reto, conviértelo en una oportunidad para mejorar. Aunque cometas errores, siempre aprende de los mismos.

Walton nos enseña con su decálogo de reglas del líder que el reconocimiento y el compartir los logros de los subalternos son elementos fundamentales de la buena gerencia. Además se enfoca en la importancia de la comunicación como herramienta para lograr una mayor motivación a resultados de calidad y eficiencia, y como clave para el fortalecimiento de la autoestima de los supervisados.

SOBRE LA MOTIVACIÓN EN LA EMPRESA

Stephen Robbins

El profesor Stephen P. Robbins, autor de "Comportamiento Organizacional", e investigador de los conflictos, el poder y la política en las organizaciones, así como el desarrollo de habilidades interpersonales eficaces; especifica que la motivación puede definirse como: "la voluntad de ejercer altos niveles de esfuerzo hacia las metas organizacionales, condicionados por la capacidad del esfuerzo de satisfacer alguna necesidad individual". Es decir que la motivación está asociada a la intención que tienen los empleados de orientar sus esfuerzos hacia la consecución de objetivos organizacionales, siempre y cuando esto conlleve a la satisfacción de sus necesidades personales.

Por lo tanto, el compromiso de un individuo con sus objetivos laborales está determinado por las oportunidades que le brinda la organización de satisfacer sus objetivos personales, en la medida en que cumple con sus metas laborales.

Y asimismo, la motivación es inherente al requerimiento de que las necesidades individuales sean compatibles y consistentes con las metas de la organización.

Cuando esto no ocurre, es posible que se tengan individuos que ejerzan altos niveles de esfuerzo, pero que en realidad operan contra los intereses de la organización.

En resumen, la motivación es un proceso de satisfacción de una necesidad.

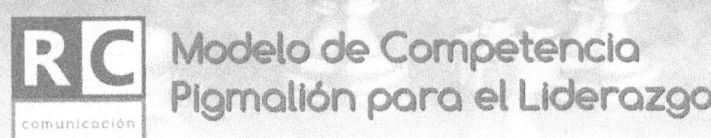

Modelo de Competencia Pigmalión para el Liderazgo

Componentes de éxito para motivar a tus colaboradores

Componente 1: Diagnostica a tus colaboradores. Reconoce las necesidades, valores y objetivos individuales de tus subordinados y logra su alineación con las metas organizacionales. Como sabemos, la motivación es el impulso que nos lleva a adoptar comportamientos que contribuyen a la satisfacción de una necesidad o deseo. Por lo tanto, encaminamos nuestros esfuerzos laborales hacia acciones cuyo resultado satisface nuestras necesidades o deseos.

8 componentes para motivar a los colaboradores. Foto cortesía freepik.com

Es importante entonces que como líder te organices y planifiques un tiempo para conocer a tus colaboradores. La mejor vía para lograrlo es propiciando conversaciones empáticas en las que demuestres un interés genuino por su bienestar y preguntes sobre sus objetivos y metas individuales. Algunos elementos que podrías puntualizar con cada uno de ellos son:

¿Qué valoras y qué es importante para ti en la vida y en el trabajo?
¿Cuáles son tus prioridades y sueños o deseos por cumplir?
¿Cuál es tu visión de futuro y tu misión o tu propósito de vida?
¿Qué necesidades individuales buscas satisfacer con tu trabajo?
¿Qué te hace sentir motivado y qué te desmotiva?
¿Cuáles son tus metas personales y laborales?
¿Cómo esperas que esta organización te apoye para alcanzar esas metas?
¿Cómo te puedo apoyar yo como tu líder para alcanzar esas metas?
¿Qué metas profesionales y personales puedes satisfacer a través de tu trabajo?
¿Qué estás haciendo y qué obstáculos estas encontrando para alcanzar esas metas?
¿Qué otras cosas nuevas podrías hacer para alcanzar tus metas?

Componente 2: Genera retos motivantes. Haz que tus trabajadores vean la importancia de su trabajo y muéstrales cómo su aporte individual contribuye a un propósito mayor.

Modelo de Competencia Pigmalión para el Liderazgo

Para las personas es importante saber y sentir que su trabajo tiene significado, que genera un verdadero impacto, que es retador y además es interesante.

Logra que los objetivos y responsabilidades que asignas a tus subalternos sean retadores y al mismo tiempo realistas. El fijar metas desafiantes hace del trabajo algo más interesante, impactando positivamente la motivación. Por lo tanto ten cuidado de no fijar objetivos inalcanzables que terminan generando estrés y afectando negativamente la motivación de tus supervisados.

Componente 3: Reconocer el esfuerzo. Demuéstrales a tus colaboradores que los valoras felicitándolos por sus buenos resultados y celebrando sus logros.

Logros. Foto cortesía Freepik.com

Las personas necesitan sentirse valoradas por sus logros, así como recibir retroalimentación constructiva para mejorar su trabajo. Recuerda que la manera en que trates a tus colaboradores tiene un impacto directo sobre su motivación y su desempeño.

Para mantener motivado al personal, es fundamental incentivar una cultura organizacional del reconocimiento, hacerla parte de las actividades periódicas y generar espacios para celebrar los éxitos individual y públicamente.

Componente 4: Mide el desempeño. Implementa sistemas de gestión de desempeño, programas de incentivos y políticas de promoción transparentes, que hagan visibles las oportunidades de crecimiento.

Es fundamental que los procesos de gestión de desempeño incluyan discusiones de desarrollo de carrera y la elaboración de planes en los que se hagan visibles oportunidades de crecimiento reales.

Todos estos procesos, políticas y programas deben ser transparentes y claros, de lo contrario podrían dar pie al surgimiento de sentimientos de injusticia o inequidad, lo que terminaría afectando la motivación de los empleados.

Modelo de Competencia Pigmalión para el Liderazgo

Componente 5: Realiza actividades de capacitación y desarrollo. Para las personas es importante ver que la empresa en la cual trabajan se preocupa por su desarrollo y brinda oportunidades de crecimiento. Implementar programas de capacitación y desarrollo resulta de gran beneficio para la compañía, ya que se incrementa la motivación, la retención de personal, la productividad, la eficiencia y el desempeño.

Cuando los empleados observan que la compañía está invirtiendo en ellos, sienten que son valorados porque su trabajo es importante y que el mismo tiene un impacto en el éxito de la empresa.

Componente 6: Estimula la confianza y la toma de decisiones. Incentiva la autonomía e incluye a tus colaboradores en la toma de decisiones relacionadas con su trabajo. Los empleados que se sienten con autonomía para tomar decisiones concernientes a sus trabajos y áreas de expertica están más motivados que aquellos que consideran que sus jefes son controladores, que no confían en ellos y que por lo tanto no les permiten decidir cuál es la mejor manera de realizar su trabajo.

Confianza y la toma de decisiones. Foto cortesía Freepik.com

Si quieres que tu empleado se sienta motivado, es crucial que perciba que confías en él y que tiene poder para decidir sobre su trabajo y para crear e implementar soluciones. Para esto, lo que puedes hacer es incluirlo en la toma de aquellas decisiones que están relacionadas con su trabajo directamente.

Si utilizas este tipo de abordaje, tus colaboradores estarán más motivados, porque se sentirán escuchados y tenidos en cuenta, sentirán que confías en ellos y que tienen libertad y autonomía para realizar su trabajo.

Componente 7: Asume tu rol comunicacional. Provee información de calidad, en la cantidad adecuada y de manera asertiva. La comunicación abarca muchos aspectos y está íntimamente relacionada con la motivación.

Modelo de Competencia Pigmalión para el Liderazgo

Es indispensable que aprendas a comunicarte de manera asertiva y empática, no solo para generar motivación, sino para contribuir al desarrollo del potencial de tus colaboradores y equipos.

En el próximo capítulo del E-Book estaré profundizando en este tema que abarca la dimensión comunicacional de la Competencia Pigmalión.

Componente 8: Conviértete en un líder inspirador. Implementa un estilo de liderazgo que genere motivación. Es importante que evalúes cuál es el impacto que generas como líder en tus subordinados, cómo está tu relación con ellos y qué percepción tienen ellos de ti; porque si están desmotivados, puede ser que tú seas la causa. Una de las principales causas de desmotivación, así como de rotación de personal, es la insatisfacción de las personas con su jefe directo.

Líder inspirador. Foto cortesía Freepik.com

Para movilizar a tus subalternos hacia el cumplimiento de metas, es importante desarrollar un estilo de liderazgo inspirador que genere un impacto positivo en los otros.

El capital humano es sin duda uno de los recursos más valiosos con los que cuenta tu organización y como líder debes ser capaz de inspirar a tus equipos, proporcionando significado a su trabajo y logrando que hagan más de lo que en un principio esperaban hacer. Los buenos líderes imaginan, diseñan y construyen un futuro, en donde la actitud positiva y la motivación son esenciales para el éxito.

De igual forma, como hemos visto en capítulos anteriores, lo que piensas y crees sobre ti mismo, influye sutilmente en las expectativas que tengas sobre tus supervisados y tu forma de tratarlos.

Los verdaderos líderes se distinguen por tener confianza en su habilidad para desarrollar en sus colaboradores la expectativa de un comportamiento de alto nivel y los tratarán con la confianza de que cumplirán con la meta propuesta.

Tu liderazgo, tus palabras, tus gestos y tu actitud de líder pueden convertirse en una potente fuente de motivación para tus trabajadores.

Modelo de Competencia Pigmalión para el Liderazgo

SOBRE LA AUTOESTIMA DE LOS COLABORADORES

La palabra autoestima, según el Diccionario de la Real Academia de la Lengua Española (DRAE), proviene de la "valoración generalmente positiva de uno mismo".

Otras fuentes explican la autoestima como un conjunto de percepciones, pensamientos, evaluaciones, sentimientos y tendencias de comportamiento dirigidas hacia nuestra persona, hacia nuestra manera de ser, y hacia los rasgos de nuestro cuerpo y nuestro carácter. En resumen, la autoestima es la evaluación perceptiva de nosotros mismos.

"Hombre mirando su propio concepto de sombra en el fondo". Imagen cortesía ShutterStock

En la jerarquía de las necesidades humanas (pirámide de Maslow), teoría desarrollada por el psicólogo Abraham Maslow, la autoestima se describe como la necesidad de aprecio, que se divide en dos aspectos: el que se tiene uno mismo (amor propio, confianza, pericia, suficiencia, etc.), y el respeto y estimación que se recibe de otras personas (reconocimiento, aceptación, etc.).

La expresión de aprecio más sana según Maslow es la que se manifiesta "en el respeto que le merecemos a otros, más que el renombre, la celebridad y la adulación".

A. Maslow y C. Rogers.
Foto Google Images.

Por su parte, Carl Rogers, como uno de los principales teóricos de la conocida rama de la psicología humanista, planteó: "la raíz de los problemas de muchas personas es que se desprecian y se consideran seres sin valor e indignos de ser amados".

De aquello planteado por Rogers sobre la autoestima, se aborda el tema posteriormente en la escuela humanista como un derecho inalienable de toda persona, resumido en la premisa que indica que "todo ser humano, sin excepción, por el mero hecho de serlo, es digno del

Modelo de Competencia Pigmalión para el Liderazgo

respeto incondicional de los demás y de sí mismo; merece estimarse y que se le estime".

Todos tenemos una imagen mental de quienes somos, qué aspecto tenemos, en qué somos buenos y cuáles son nuestros puntos débiles. El término autoimagen se utiliza para referirse a la imagen mental que tenemos de nosotros mismos y esta se basa en nuestras interacciones con otras personas y nuestras experiencias vitales. Esa imagen mental (nuestra autoimagen) contribuye a nuestra autoestima.

Retomando el Efecto Pigmalión, recordemos que está directamente relacionado con las consecuencias que se generan sobre el comportamiento de una persona y las expectativas que se tiene de ella, es decir, que si un líder tiene grandes expectativas y motiva a sus colaboradores, cada uno de ellos podrá dar lo mejor de sí y cumplir con los objetivos. En el caso contrario, si el líder no tiene mayores expectativas y desconfía de las personas, éstas seguramente se desmotivarán, comenzarán a desconfiar de sí mismas y no realizarán la tarea que se les ha encargado; lo que conllevará a un resultado final de baja autoestima.

El efecto Pigmalión. Foto de Jan Saudek

Modelo de Competencia Pigmalión para el Liderazgo

SOBRE EL SENTIDO DE PERTENENCIA DE LOS COLABORADORES

El sentido de pertenencia hacia una organización es el resultado de la suma de una serie de factores organizacionales que impactan positivamente a los colaboradores, y además es la clave fundamental para que una organización pueda sobresalir en un mundo tan competitivo y globalizado, ya que los subordinados son los que hacen la diferencia ante la competencia, son ellos los que hablan bien o mal de la empresa, son los que operacionalmente la motorizan y al final, los que ayudan al desarrollo de las tareas y a alcanzar los objetivos y metas de la organización.

Factores como una clara "cultura organizacional" que es el conjunto de normas, hábitos y valores que se originan en la organización; el buen clima organizacional o la apreciación positiva del trabajo y la sana convivencia; además de un estilo de liderazgo transformacional planteado como un proceso de interacción entre personas que crea un cambio valioso y positivo; son algunas de las claves más importantes para generar el necesario apego y sentido de pertenencia por la organización.

Sentido de pertenencia. Foto cortesía Freepik.com

Sin duda alguna, todos estos factores requieren necesariamente de una comunicación interna que conecte mensajes con acciones, facilite el flujo de información y el relacionamiento de las personas, contribuya con la integración y el trabajo en equipo, impulse la motivación y fortalezca aún más el sentido de pertenencia de los supervisados.

Modelo de Competencia Pigmalión para el Liderazgo

El modelaje del líder facilita el compromiso de los trabajadores. Foto cortesía Freepik.com

Facilita el compromiso al logro

El sentido de compromiso del trabajador ante las tareas que le delegas es un proceso que forma parte de la evolución cultural de tu organización y que definitivamente no se puede decretar sino construir y facilitar con modelaje permanente de tu parte como líder. Para ello debes:

- Orientar sobre los elementos contemplados en el marco filosófico de la organización, y el impacto del entorno sobre la empresa para el logro de las metas estratégicas.

- Mantener informado permanentemente a los subalternos sobre las iniciativas y proyectos clave de la empresa, sus avances y sus logros.

- Estimular el sentido de equipo a través de la integración de los grupos de trabajo, promoviendo la participación de la gente y destacando los logros conseguidos en equipo.

- Lograr el apego a la organización a través de la motivación, reconociendo los logros de los individuos y promoviendo el desarrollo y la formación de la gente.

- Promocionar el proceso de feedback y la apertura de espacios para el diálogo sincero, que permitan impulsar el entendimiento mutuo y la generación de ideas.

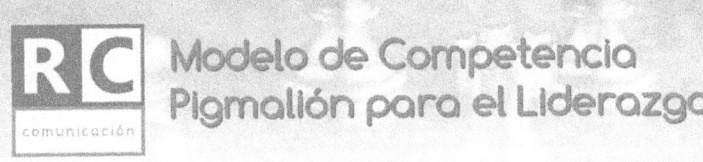

Modelo de Competencia Pigmalión para el Liderazgo

SOBRE EL SALARIO EMOCIONAL

Como hemos visto en la Matriz de Pigmalión, si te planteas grandes expectativas y ofreces mucho reconocimiento de calidad; entonces la motivación de tus colaboradores será plena y podrás validar un alto rendimiento en cada uno de ellos.

Cuando un colaborador está motivado rinde mejor en su trabajo porque obtiene un alto nivel de satisfacción, y por consiguiente, aprovecha mejor su tiempo, enfocando todo su esfuerzo en los objetivos que le hemos trazado.

Muchas empresas creen que la forma de mantener motivado a sus trabajadores tiene que ver con las condiciones laborales y el dinero, por eso aumentan sus salarios discrecionalmente, les brindan bonos extra u otros "regalos" económicos; pero estas retribuciones por sí solas no son motivadores suficientes.

El salario emocional se trata de poder respirar un buen clima laboral. Foto cortesía Freepik.com

A lo largo de mi vida como consultor me ha tocado acompañar a diversos líderes en su crecimiento profesional y en el fortalecimiento de sus competencias; y si hay algo que he descubierto y validado una y otra vez, es que el incentivo económico en efecto ejerce una buena estimulación al trabajo, pero lo que realmente potencia la motivación del colaborador, es poder respirar un buen clima laboral, que el resto de su equipo de trabajo y el líder sean leales y que se comprometan con él y con su trabajo. Visto de esta manera, esto es lo que llamamos el "Salario Emocional"

La implantación del Salario Emocional no implica la inversión de grandes recursos sino, principalmente, de un cambio de visión en la relación con el personal.

Conseguir la motivación y el máximo rendimiento de los colaboradores no es complicado si te enfocas en las claves -ventajas no económicas- que las personas

Modelo de Competencia Pigmalión para el Liderazgo

estarían dispuestas a aceptar como parte de su salario. A continuación te ofrezco un listado base:

1. Desarrolla un plan de oportunidades de mejora, relacionado con la capacitación, gestión del talento, coaching, mentoring y plan de carrera; capacitación profesional como seminarios, cursos, talleres, diplomados, maestrías, entre otros que impulsen la carrera profesional de tus trabajadores.

2. Mantén el bienestar psicológico de tus colaboradores generando reconocimiento permanente de sus logros individuales y en equipo, mayor autonomía de sus funciones y mayores retos profesionales.

3. Ofrece promociones y ascensos, movimientos o cambios de área que se adapte mejor a las habilidades de tus colaboradores.

4. Estimula un clima de integración, compañerismo, sentido de familia y equipo.

5. Planifica horarios flexibles. Si bien las jornadas laborales por lo general son de 8 horas, los subalternos de las nuevas generaciones valoran el hecho de no contar con un horario estricto de entrada y salida, pues lo importante es alcanzar las metas. Esto incluye el tan deseado *home office* (trabajo desde casa), o cualquier otro aspecto sin necesidad de estar mucho tiempo en la oficina.

6. Trata de lograr un balance de vida que consista en esquemas de trabajo flexible que permita la integración de la familia y oportunidades de esparcimiento y recreación de los supervisados.

7. Auspicia una cultura laboral que atienda:

    ▶ Creación de espacios de comunicación para el intercambio permanente de ideas y el debate constructivo.

    ▶ Oportunidades de involucramiento en proyectos de Responsabilidad Social Empresarial tanto externos (con organizaciones relacionadas con la empresa), como internos de la empresa con iniciativas de voluntariado para los colaboradores, y de formación y mentoría para sus familiares.

    ▶ Relacionamiento de líderes de la alta gerencia, quienes habitualmente no están tan cerca de los subordinados base, para activar la motivación y modelar la ética en el trabajo.

Modelo de Competencia Pigmalión para el Liderazgo

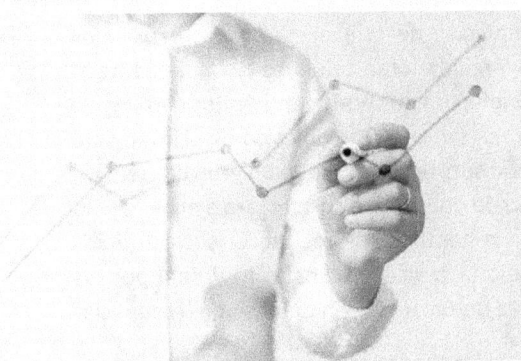

El salario emocional eleva la productividad y reduce los incumplimientos. Foto cortesía Freepik.com

Según un reporte del periódico en línea *HuffPost*, el salario emocional está enfocado principalmente en aspectos que hacen felices a los empleados y que provocan que su productividad se eleve hasta en un 33 por ciento, así como su nivel de compromiso con su empresa, su satisfacción y su eficiencia en las actividades que realiza.

Por su parte, la organización OCCMundial, plataforma líder de bolsas de trabajo por Internet, reseña que el salario emocional reduce el 66 por ciento de los días perdidos por incumplimiento de metas; asimismo, minimiza en un 51 por ciento el ausentismo por accidentes, incapacidades de trabajo o indisposiciones y problemas personales.

El reconocimiento del líder como parte del salario emocional del colaborador

En mis 28 años de trabajo en el mundo corporativo, he comprendido que el reconocimiento del trabajador por parte del líder, la forma de exponerlo y la periodicidad con que se ofrece, es la base fundamental de la motivación de los colaboradores.

Recuerdo que hace algunos años, asesorando a una empresa importante del sector farmacéutico en Venezuela, tenía la responsabilidad de realizar un diagnóstico sobre el proceso de relacionamiento de los colaboradores con sus jefes en una de las sedes regionales de la empresa; y en esa oportunidad me tocó conocer un caso insólito en el que los colaboradores ni siquiera entendían el significado de la palabra "reconocimiento"; sus respuestas parecían hechas en un tono irónico cuando decían que ellos nunca habían pensado en el significado de esta palabra, porque nunca se les había reconocido nada de lo que hacían. En pocas palabras, ellos entendían que el reconocimiento no formaba parte de la dinámica laboral.

Modelo de Competencia Pigmalión para el Liderazgo

Cuando me toco profundizar en la posibilidad de que eligieran entre premios tangibles como bonos por su desempeño, regalos como celulares o simplemente el intangible reconocimiento de parte de su jefe; lo extraño fue que todos estuvieron de acuerdo en recibir ambos tipos de premio (tanto los tangibles como el intangible reconocimiento); pero lo que realmente me sorprendió fue que un gran número de subalternos prefirió simplemente el hecho de que su jefe se acercara a ellos "por lo menos una sola vez en su vida" y tuviera la gentileza de reconocer sus esfuerzos por el logro de buenos resultados; no sólo la crítica y el maltrato verbal por los errores que podían cometer, situación ésta que ocurría con demasiada frecuencia.

Una vez que presentamos los resultados del diagnóstico al comité ejecutivo de la organización, se tomaron las correcciones necesarias, se capacitó a los líderes en el mejor manejo de su estilo de liderazgo y su rol comunicacional. Hicimos foco en el ejercicio de sus competencias Pigmalión; y en seguida la relación de los trabajadores comenzó a fluir fantásticamente bien, tan sólo con un pequeño cambio, que tuvo que ver con la actitud asertiva de los líderes, su empatía, y la periodicidad para reconocer los logros de sus supervisados.

5 claves para brindar reconocimiento efectivo

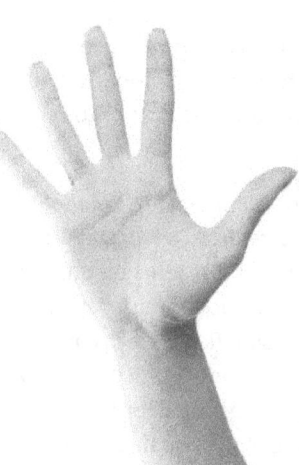

Foto cortesía Freepik.com

Además de lo que te he presentado respecto a la oferta de reconocimiento como parte del salario emocional de los colaboradores, a continuación te planteo un esquema de cinco acciones clave para ser mucho más específico y efectivo en tu accionar.

1. **Hay que ser rigurosos y sinceros.** Los líderes movilizadores tienen la habilidad de mostrar un impecable rigor y un sincero afecto por su equipo. Poseen destreza para elogiar al colaborador cuando requiere un reconocimiento y corregir cuando necesita una "crítica constructiva".

2. **Reforzar conductas y hechos.** Refuerza de forma positiva lo que logra el colaborador, no lo que él es. Debes decir lo que está mal, pero con un enfoque de "elemento de mejora" y de forma propositiva. El

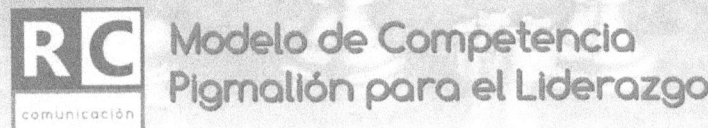

Modelo de Competencia Pigmalión para el Liderazgo

refuerzo positivo y el llamado de atención a las mejoras debes realizarlo centrado en hechos observables y no en generalidades personales. Las personas no mejoran si simplemente les decimos lo que hacen bien o les llamamos la atención por lo que requiere ser mejorado; mejoran cuando se les explica qué se ha hecho adecuada o inadecuadamente, los motivos e incluso cómo mejorarlo.

3. **Potenciar la autoestima reconociendo los resultados**: Observa y documenta para reconocer, elogiar y potenciar las fortalezas. Mantente al tanto de lo que hace bien cada colaborador y lo que puede hacer mejor.

    ▶ La autoestima es un gran activador cerebral; y las palabras amables, acompañadas de un abrazo, un apretón de manos o una sonrisa sincera activan las zonas de placer del cerebro y la probabilidad de que la conducta deseada se repita.

    ▶ La autoestima se ve potenciada cuando se utilizan reconocimientos referidos a las conductas y no a la personalidad. No se debe decir "eres una maravilla …, eres un artista…, eres un fenómeno…" sino: "has realizado perfectamente este informe…, hiciste un excelente seguimiento…". Cumplidos sin motivos, excesivos, inoportunos, o mal planificados son riesgosos y pueden ser contraproducentes.

    ▶ El objetivo es conseguir que el colaborador trabaje por los resultados esperados y no por el elogio y por agradar. Es básico también que al ser expresados en público, el reconocimiento sea equitativo, honesto, breve y no exagerado. Siempre focalizados en los resultados.

    ▶ Algunos ejemplos de reconocimiento y elogios podrían ser: "Me gusta lo que has hecho con la cuenta del Sr. Arosemena. Además creo que puedes conseguir unos mejores resultados si cumples con las fechas establecidas en la planificación". "El informe que presentaste es excelente: claro, conciso y al grano. Con unos mínimos retoques en los precios, será perfecto". "Has hecho un muy buen seguimiento telefónico. Me gustaría que acabaras de consolidarlo con una visita a sus oficinas".

4. **Generar más reconocimientos que críticas**. Criticar constantemente sin cumplidos da resultados no deseados y crea la percepción de que aunque se hagan bien las tareas, sólo se apreciarán los errores. Recuerda que el reconocimiento hace a las personas sentirse bien, aumenta su autoestima

y su seguridad en sí mismos, transmite confianza y crea engagement (compromiso).

5. **Llevar a cabo un proceso de Feedback Efectivo**. Una actividad que aporta considerablemente al proceso de ofrecer reconocimiento e impulsa el concepto comunicacional de "Escuchar" -concepto que veremos en profundidad en el próximo capitulo- es la práctica del Feedback Efectivo, iniciativa que debes desarrollar y promover como líder de tu organización.

DESARROLLAR FEEDBACK EFECTIVO EN 10 PASOS

El proceso de feedback debe ser considerado como una herramienta de uso permanente y no simplemente como parte de un proceso de evaluación de desempeño, o sólo para hacer llamados de atención de un colaborador, como es utilizado generalmente.

Su práctica debe ser modelada por los líderes para lograr que sus colaboradores se integren a la dinámica comunicacional en la que sean capaces de detectar oportunidades de mejora propias, de sus pares y, ¿por qué no decirlo?, de sus propios jefes.

El Feedback aumenta la confianza entre el líder y los subalternos. Foto cortesía Freepik.com

El feedback debe hacer mayor foco en impulsar una mayor apertura comunicacional de los distintos actores dentro de la organización, con el objetivo de conocer mejor sus fortalezas y debilidades; así como poder comunicar habilidades y mejoras detectadas entre interlocutores, sean subordinados, compañeros de trabajo, pares de otras áreas o jefes y otros líderes.

La iniciativa de ofrecer Feedback permite a los líderes ser más transparentes con los demás y aumenta la confianza mutua. Se trata de una herramienta comunicacional en la que el supervisor se dispone a ofrecer información sobre las

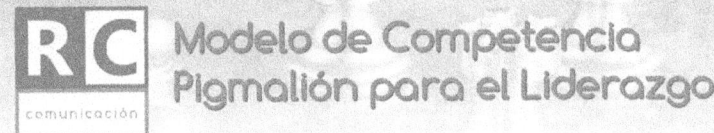

Modelo de Competencia Pigmalión para el Liderazgo

cosas que piensa, que siente, que tiene en mente respecto a su interlocutor y/o sobre lo que piensas de un asunto relacionado a esa persona.

A continuación te presento mi lista de **10 pasos para desarrollar un proceso de feedback efectivo**:

Foto cortesía Freepik.com

1. Antes de ofrecer feedback, verifica la conveniencia de brindar información relevante y oportuna a tu interlocutor. No es recomendable hacerlo de forma extemporánea ya que se pierde el efecto de la exactitud y la pertinencia. Tampoco se recomienda dar feedback por una situación que haya ocurrido mucho tiempo atrás; y es menos recomendable forzar el feedback al instante de haber ocurrido la situación, puesto que podría devenir en una confrontación.

2. Siempre comienza la interacción ofreciendo respetuosamente tu apoyo para brindar feedback sobre algún(os) aspecto(s) que se debería(n) corregir. Ejemplo.: "…me gustaría darte mi apoyo, comentándote algunos detalles que percibí en tu presentación y que seguramente serán muy útiles para el futuro…", "…hay algunos detalles que observé y que quisiera comentarte sobre la forma como terminaste el trabajo…", "…quiero que conversemos e intercambiemos opiniones sobre tu desempeño en las últimas semanas…".

3. A lo largo de todo el proceso de feedback, habla con mucho respeto hacia tu interlocutor. Evita el sarcasmo, las ironías o comentarios fuera de lugar que puedan generar barreras comunicacionales y que impidan la interacción efectiva.

4. El ofrecer feedback en el mundo organizacional siempre se ha visto como una herramienta para "corregir", para hacer llamados de atención y, muchas veces, para reprender equivocaciones; sin embargo, para que sea una herramienta realmente efectiva, debes aplicarla con el fin de inspirar oportunidades de mejora de tus interlocutores, o como impulsor de aquellas fortalezas que él no ha percibido de sí mismo; es decir, que también debes ofrecer feedback para resaltar los aspectos positivos, con el objetivo de generar mayor motivación y

Modelo de Competencia Pigmalión para el Liderazgo

empoderamiento que estimule cambios efectivos. Por ejemplo: *"quiero comentarte mi satisfacción porque últimamente he observado cómo se han incrementado positivamente tus resultados y esto, considero que, es efecto de tu empeño y dedicación constante..."*

Foto cortesía Freepik.com

5. Es un error comenzar el proceso de feedback con un reclamo sobre la actitud observada, ya que esto puede generar una barrera comunicacional y en lugar de corregir, generará rechazo por parte del interlocutor al sentirse atacado. Lo que recomiendo es resaltar algunas actitudes y fortalezas observadas anteriormente, que guarden relación con la observación que se hará a continuación. Por ejemplo: *"...desde el primer día cuando comenzaste a trabajar con nosotros he visto que eres un colaborador muy puntual en tu asistencia y que en pocas oportunidades has dejado de cumplir con tus responsabilidades; sin embargo, quería comentarte que he observado algunas faltas recientemente que me llaman la atención..."*

6. Comenta conductas y evita juicios de valor. Hay que enumerar y explicar las consecuencias (favorables o críticas) de determinado comportamiento o situación. Un grave error es utilizar argumentos haciendo juicios de valor, etiquetando o calificando con adjetivos al interlocutor. A continuación algunos ejemplos negativos que yo evitaría: *"últimamente has sido un poco irresponsable en el cumplimiento de tus tareas..."*; *"has sido un mal supervisor..."*, *"no sabes resolver los problemas de forma efectiva..."*. Por otro lado, un gran ejemplo de feedback efectivo sería: *"he observado que tu desempeño y la calidad de tus resultados han variado, y pienso que esto es efecto de algunas faltas al trabajo en la que has incurrido recientemente..."*

7. Te recomiendo presentar la información crítica o las debilidades de tu interlocutor como asuntos mejorables, especificando claramente las circunstancias en las que observaste dichas situaciones o conductas. El interlocutor no debe sentir tu recomendación o la observación que le haces como una crítica brusca, por el contrario, debe percibir claramente aquella

Modelo de Competencia Pigmalión para el Liderazgo

circunstancia de la que posiblemente no se había percatado y, sobre todo, debe sentir de tu parte que es posible corregir fácilmente dicha situación.

8. La acción de ofrecer feedback debe ser un acto muy personal, por ello debes presentar tus comentarios a título propio y nunca utilizar comentarios de terceros como argumento, ya que esta actitud propicia inseguridad en nuestros argumentos y transfiere la responsabilidad a otros. Algunos ejemplos inapropiados podrían ser: *"...he escuchado por los pasillos que estás maltratando verbalmente a tus colaboradores..."*, *"me comentaron que tu presentación no fue muy efectiva porque no hiciste suficiente énfasis en motivar a la audiencia..."*. Mientras que, dos ejemplos de feedback efectivo respecto a las mismas situaciones podrían ser: *"...he observado que en los últimos dos días has llegado a tu puesto de trabajo con varios minutos de retraso, incluso ayer observé que no viniste a trabajar en el turno de la tarde..."*; *"observé con mucho detenimiento tu presentación y me percaté de que hubiera sido mucho más efectiva si ofrecías datos más actuales que motivaran a la audiencia..."*.

9. Valida que toda la información y observaciones hayan sido comprendidas por tu interlocutor. A lo largo de todo el proceso de feedback, consulta constantemente si existen dudas y si comprende la información que está recibiendo de ti.

10. Finalmente, el cierre del proceso de feedback debes enfocarlo en impulsar el compromiso para que se solvente o fortalezca la situación identificada. Recomienda siempre algunas posibles opciones o tareas que tú harías para reforzar o modificar la situación observada si fuera tu caso; pero el camino y las iniciativas para solventar la situación deben ser trazadas siempre por tu interlocutor.

El cierre del Feedback debe impulsar compromiso en el colaborador. Foto cortesía Freepik.com

Modelo de Competencia Pigmalión para el Liderazgo

Al ofrecer Feedback también hay que tener presente que...

▶ Debes ofrecerlo de manera individual y de forma confidencial. Para evitar que tu interlocutor (el receptor del feedback) se sienta expuesto públicamente, sobre todo si el objetivo es destacar aspectos a mejorar, el proceso debe desarrollarse exclusivamente con él, sin personas ajenas.

▶ La sesión de feedback debes hacerla en un lugar aislado, tal vez una oficina cerrada, donde haya suficiente privacidad y ninguna interrupción.

▶ También debes ofrecer feedback a grupos de personas, pero exclusivamente cuando tus comentarios son para reforzar fortalezas detectadas como equipo de trabajo. En este caso debes tener mucho cuidado de hacer el reconocimiento al grupo como una unidad y no sólo a algunas personas.

▶ Puedes ofrecer el feedback a colaboradores subordinados, compañeros de trabajo, jefes directos, y cualquier persona que deba conocer aspectos de mejora que aún no ha percibido o reforzar sus potencialidades.

▶ El feedback debe ser sugerido, nunca obligado y debes considerar siempre la necesidad de quien lo recibe (tu interlocutor) y no solo la tuya.

▶ El proceso de ofrecer feedback debe estar bien planificado para evitar improvisaciones, por lo tanto debes documentar muy bien lo que deseas expresar a tu interlocutor.

▶ Algunos supervisores prefieren llevar un registro escrito de lo que se conversa en el proceso de feedback, en tal sentido, lo más recomendable es informar previamente de esto al interlocutor para evitar desconfianzas.

Foto cortesía Freepik.com

Modelo de Competencia Pigmalión para el Liderazgo

FACTORES QUE IMPACTAN LA MOTIVACIÓN, AUTOESTIMA, EL SENTIDO DE PERTENENCIA Y EL SALARIO EMOCIONAL.

Muchos son los factores que afectan a los subalternos: de tipo emocional y estados de ánimo, otros de espacio físico en el que el colaborador no se siente a gusto; de congruencia entre lo que desearía hacer y las responsabilidades por las que fue contratado, pasando también por el estilo agresivo utilizado por algunos líderes, entre otros.

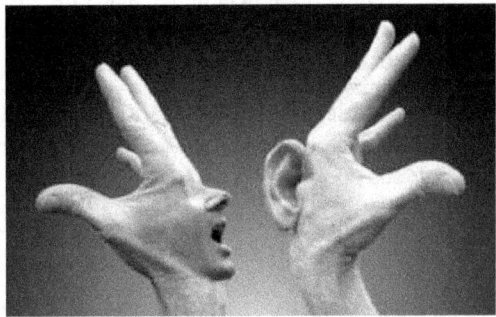

Ilustración cortesía Freepik.com

Según varios estudios del comportamiento organizacional, los factores más comunes e impactantes que afectan la motivación de tus colaboradores, su autoestima y el necesario sentido de pertenencia con la organización son:

- ▶ El clima laboral no saludable que tiene gran impacto y afecta la estabilidad emocional de los miembros de la organización.
- ▶ El manejo ineficiente de procesos de cambio y/o transformación como fusiones, adquisiciones, mudanzas, actualización de sistemas y/o procesos, cambio de liderazgos, rediseño de estructura organizacional, entre otros; y las resistencias y crisis internas que se originan de ellos.
- ▶ El estilo de liderazgo que se orienta más por la tarea, sin tener balance en la atención hacia sus colaboradores.
- ▶ Los salarios y beneficios contractuales que no son cónsonos con la realidad del mercado laboral y el contexto económico del país.
- ▶ La poca flexibilidad en la jornada laboral, desaprovechando los recursos tecnológicos, inclusive para hacer las tareas a distancia.
- ▶ La inefectividad de los jefes en la integración del trabajo en equipo.

Modelo de Competencia Pigmalión para el Liderazgo

▶ La inexistencia recurrente de normas, políticas y procedimientos que faciliten el trabajo diario bajo esquemas medibles y estandarizados.

▶ El poco estímulo, el desapego y la desmotivación generada por los líderes que no se involucran en la generación del sentido de pertenencia de los supervisados.

▶ La nula presencia de espacios de intercambio e interacción comunicacional en los que los colaboradores expresen abiertamente sus dudas y que al compartir sus ideas sean bien recibidas.

▶ Las escasas actividades orientadas a la formación, desarrollo y sucesión del empleado, con el objeto de que el trabajador comprenda y se sienta seguro de sus posibilidades de participación y crecimiento en la empresa.

LAS BARRERAS DE LA COMUNICACIÓN GENERAN EL MAYOR IMPACTO

Las barreras que impiden principalmente la interacción entre los líderes y los trabajadores de las organizaciones van desde barreras personales como las emociones, las barreras físicas, las de ambiente y las semánticas.

Adicionalmente existen otras importantes barreras como las de credibilidad asociadas a la sinceridad de las personas, de pertenencia o posición relacionadas con niveles jerárquicos y de poder; y las de estilos de conducción de la comunicación, más asociadas al temperamento y malos hábitos de relacionamiento.

Ilustración cortesía Freepik.com

El primer paso que debes dar como líder para evitar que éstas surjan es tenerlas muy en cuenta y entender que existen, que siempre estarán allí, que son inherentes a cada uno y que nos impactan a todos por igual.

La batalla contra las emociones

Dentro de las organizaciones, todos han tenido que librar batallas contra los problemas personales. Por ejemplo basta que un jefe convoque una reunión para

Modelo de Competencia Pigmalión para el Liderazgo

discutir sobre algún problema dentro del equipo, o que nos toque llegar tarde a la reunión importantísima en la cual seremos el vocero principal. Instantáneamente florecen distintos tipos de emociones que seguramente bloquearán la interacción con los otros individuos, bien sea porque emerge la ansiedad o porque nos volvemos agresivos hacia nuestros interlocutores al reaccionar a complejas o incómodas situaciones. Todo ello se traduce al final en un delicado y complejo escenario de disputas y, en algunos casos, de confrontación.

Emociones violentas como la ira, la rabia, el dolor, la repugnancia; y otras menos violentas como la tristeza, el miedo y el aburrimiento tienen su raíz en reacciones químicas originadas en nuestro cerebro, así como otras emociones que por su manejo irreflexivo o descontrolado también impactan la comunicación efectiva, como la euforia y la risa descontrolada; por lo tanto, siempre van a estar allí, obstaculizando la comunicación fluida.

Lo más importante es que estos son todos procesos naturales que debemos entender y que debemos hacer conscientes para lograr mayor control de las situaciones.

¿Podemos controlar efectivamente las emociones?

Como dije anteriormente, debemos tener conciencia de que las emociones siempre estarán presentes en nuestro día a día y que depende de nosotros y del manejo que hagamos de ellas para aminorar el grado de impacto que puedan tener en nuestro desempeño al comunicarnos con nuestros interlocutores.

Para comenzar a disminuir el impacto de las emociones, debes trabajar la "empatía" que no es sino aquella actitud que se fundamenta en el esfuerzo por entender al otro, por "ponerse en los zapatos del otro" y tratar de identificarse de manera "asertiva", sin agredir y sin someterse a la voluntad del otro.

Asimismo, el trabajo de las emociones no recae solamente en lo que hagas por ti sino en lo que

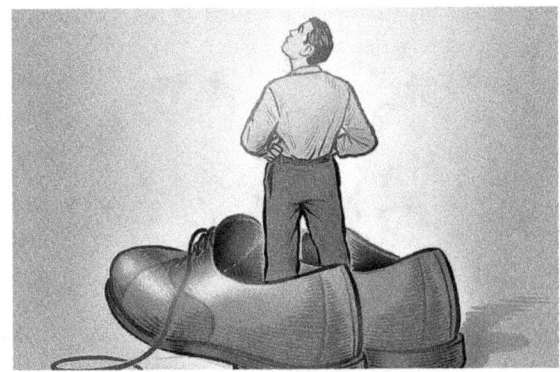

Empatía. Ilustración cortesía Freepik.com

puedas hacer por los demás; y aquí entra nuevamente el concepto de empatía en el que es primordial tratar de comprender las motivaciones de tu interlocutor, lo que impulsará el intercambio más fluido y sincero.

Algunas situaciones que son consideradas como errores típicos y que debes controlar para evitar barreras emocionales, son las relacionadas con:

1. Imponer nuestro punto de vista, o discutir "quién tiene la razón".
2. Buscar siempre culpables o echarle la culpa a alguien, lo que produce que las otras personas se vuelvan defensivas.
3. Suponer lo peor del otro, sin darle chance a que exponga su opinión.
4. Permitir que se potencien emociones fuertes y negativas como enojo, miedo, angustia, frustración, sin ningún tipo de autocontrol como respiración controlada o pensamientos positivos.
5. Discutir temas en términos de "blanco" y "negro", o polarizar sin permitir posiciones intermedias o alternativas.

Otro aspecto importante que impulsa al control de las emociones en la interacción organizacional es el proceso de modelaje de una actitud empática y asertiva por parte del líder, lo que genera actitudes similares por parte de los colaboradores; y lo que al final redundará en un mejor manejo de las emociones para beneficio de una mayor y mejor comunicación interna.

Valores, creencias y prejuicios también impactan

Ilustración cortesía Freepik.com

Otros factores que generan barreras personales en la interacción comunicacional son los referentes a valores, creencias y prejuicios.

El mal manejo de valores o la discrepancia de ellos es un factor que impacta altamente en la comunicación personal. Un claro ejemplo es cuando se predica honestidad, responsabilidad y el respeto mutuo pero no todos comprenden estos conceptos porque no han sido compartidos sino impuestos.

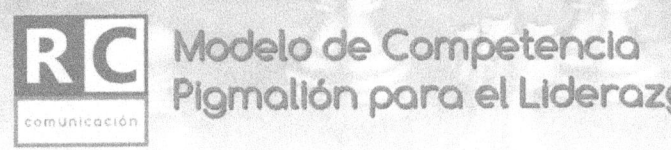

Las creencias y los prejuicios son factores que igualmente impactan a la comunicación y pueden generar barreras como en los casos en que se predica alguna fe religiosa y se trata de imponer a los demás o por el contrario no se ofrece ninguna libertad de creencia y/o práctica.

En las organizaciones, tanto líderes como trabajadores deben comprender la importancia de manejar adecuadamente las barreras emocionales y los factores que las generan para que en conjunto logren impulsar una comunicación interna mucho más poderosa y efectiva, lo que se traducirá en un clima organizacional positivo a largo plazo.

Barreras físicas: el impacto de los sonidos y el ruido

Las barreras físicas están definidas como aquellas que impactan sensiblemente el proceso comunicacional debido a la distancia que puede existir entre las personas, o a los obstáculos presentes como el ruido y el ambiente (clima, temperatura).

En el caso de la distancia, por ejemplo, en la medida en que los interlocutores se encuentran más separados físicamente, deben hacer mayores esfuerzos para lograr que el mensaje se comprenda claramente, como ocurre en empresas globales donde la distribución de los colaboradores y de sus sedes en el ámbito geográfico impide una

Foto cortesía Freepik.com

verdadera interacción cara a cara, o en el caso de las empresas de manufactura muy grandes cuyas líneas de producción generan mucha separación entre los trabajadores.

El ejemplo anterior también es muy válido para comprender las barreras físicas de ruido. En el caso de industrias manufactureras y de construcción, entre otras, el ruido se ha convertido en un verdadero problema para el logro de una comunicación fluida.

En una ocasión tuve la oportunidad de asesorar a una empresa global embotelladora de sodas que presentaba el típico problema de alto nivel de sonidos en su producción y los subalternos debían comunicarse a lo largo de la jornada a través de señas que ellos mismos, en el tiempo, fueron transformando en un eficiente sistema de comunicación alternativa que se institucionalizó de manera

Modelo de Competencia Pigmalión para el Liderazgo

informal. Sin embargo, los subordinados más nuevos presentaban problemas al no comprender este nuevo sistema en el trabajo, lo que generaba retrasos en diversos procesos y, en algunos casos, hasta accidentes laborales por el desconocimiento de las señales que recibían de sus supervisores y compañeros.

La solución que apliqué a estos inconvenientes fue, primero, trabajar un plan comunicacional de sensibilización para los colaboradores más antiguos sobre la importancia de formalizar este sistema para que todos manejaran los códigos y los mensajes a través de gestos y, segundo, la implementación de un programa de inducción formal para los trabajadores más nuevos de la compañía sobre el uso de señas clave durante las actividades de la jornada laboral.

Esto derivó en un complejo pero eficaz sistema alternativo de comunicación que permitió hacerle frente a la barrera comunicacional del ruido, amén de generar un reconocimiento por parte de los trabajadores sobre la importancia de una comunicación más efectiva para el mejor flujo de los procesos y para el resguardo de la integridad física en la fábrica.

El ambiente: otra barrera física

Foto cortesía Freepik.com

Por otro lado, las barreras físicas referidas al ambiente como las extremas temperaturas (frío o calor) y los tipos de clima muy húmedos o secos, igualmente pueden impactar la forma en que nos comunicamos.

Suena obvio pero muchas veces las empresas descuidan los factores como la temperatura y el clima idóneos en los diferentes ambientes de trabajo. Por muy ligero que sean los cambios ambientales, estos pueden generar pérdida en la calidad del proceso comunicacional.

Las olas de calor tan frecuentes en verano no sólo pueden producir en nuestro cuerpo reacciones peligrosas, sino que nuestra mente también puede verse afectada. El calor también nos perturba especialmente a nivel psicológico generando una serie de síntomas que son típicos de un cuadro de ansiedad como irritación, agresividad, inquietud, incomodidad y dificultades para concentrarse por lo que la persona puede ver sus capacidades disminuidas.

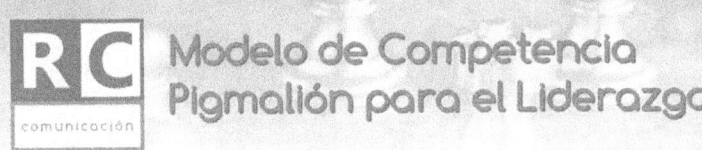

A su vez, la transición de un ambiente caluroso a otro frío o a la inversa también genera impacto en el trabajo y en la comunicación. El frío es responsable de incomodidad térmica, lo que produce falta de confort y redunda en distracción. Esto no sólo reduce el rendimiento en tareas que puedan exigir especial concentración, sino que aumenta el riesgo de aparición de incidentes y de accidentes. De hecho, el enfriamiento de los tejidos corporales puede mermar la capacidad física y mental, lo que indudablemente genera incapacidad para comunicarnos efectivamente.

Barreras semánticas: significado de las palabras, idioma y léxico.

Las barreras semánticas tienen que ver con el desconocimiento o significado de las palabras. Cuando no comprendemos su sentido, podemos dar diferentes interpretaciones a lo que dijo nuestro interlocutor. Es decir, las barreras semánticas ocurren cuando hay un desacuerdo o desconocimiento entre las palabras que están siendo utilizadas.

Ilustración Rómulo Castro.

Con frecuencia pasa porque los individuos son de diferentes culturas, de diferentes regiones, cuando los interlocutores hablan diferentes lenguajes o diferentes idiomas; impidiendo que determinen un significado común de las palabras.

Ocurren circunstancias adicionales de barreras semánticas con el uso de vocabulario que tiene terminología específica para un cierto campo. Por ejemplo, un médico explicando el diagnóstico de un paciente o un ingeniero de sistemas analizando el flujo de procesos de un software administrativo, transmitirían el mensaje de forma menos efectiva si únicamente usaran terminología de su especialidad y no adaptaran su mensaje a todas sus audiencias.

Lo mismo ocurre con el uso de palabras o frases coloquiales que pueden ser específicas para una región, con personas que hablan el mismo idioma pero que son de países distintos, lo que conlleva a modismos y formas de expresión diferentes y complejas de entender.

Modelo de Competencia Pigmalión para el Liderazgo

En otra oportunidad nos tocó trabajar la barrera semántica de la comunicación para un cliente internacional del área de transporte de valores. En este caso, por ser una empresa que trabaja con transporte de dinero, los niveles de confidencialidad y seguridad en el traslado de los activos son muy altos, lo que conlleva, entre otros aspectos, al manejo de un lenguaje parecido a los códigos manejados por algunos órganos policiales y de seguridad.

Al igual que en el caso de la empresa embotelladora de sodas, se me presentó un complejo escenario en el que el personal del área operativa (custodios de valores) manejan una especie de "lenguaje artificial", para expresar aspectos técnicos que suelen ser complicados de entender dentro del lenguaje natural, totalmente diferente a la forma en que se expresan los trabajadores más nuevos de operaciones y el resto de los supervisados de las áreas técnicas y administrativas. Esto por supuesto generaba constante confusión y como consecuencia, serios problemas de incomunicación.

La solución que implementé en este caso fue llevar a cabo un programa de formación para desarrollar el rol comunicacional de los líderes y desplegar herramientas que permitieran ayudar a todos a comprender la importancia del manejo de una comunicación más efectiva. Adicionalmente trabajamos una campaña institucional interna con el objetivo de difundir un diccionario formal de palabras de seguridad, para que todo el personal se alineara a esta especie de nuevo "lenguaje" de seguridad.

Seminario para líderes de Servicio Panamericano de Protección, Sep. 2011. Foto cortesía FUGET CEO

Decía antes que todos los aspectos que he destacado resultan obvios, pero no por ello debemos obviar que las barreras coexisten en la dinámica organizacional y que como líderes debemos tenerlas muy en cuenta para evitar que desmejoren el importante proceso de motivación, autoestima, sentido de pertenencia y salario emocional que debemos aplicar a nuestros colaboradores en el ejercicio de nuestra Competencia Pigmalión.

Modelo de Competencia Pigmalión para el Liderazgo

Resumen del capítulo

- El compromiso de los colaboradores con sus objetivos laborales está determinado por las oportunidades que le brindamos para satisfacer sus objetivos personales.
- La motivación al logro, el fortalecimiento de la autoestima, la construcción de un verdadero sentido de pertenencia y apego por la organización; todos son elementos tanto o más importantes para los colaboradores que las mismas retribuciones salariales o los beneficios laborales y son percibidas como procesos de satisfacción de necesidades.
- El sentido de compromiso de los trabajadores se construye y se facilita con el modelaje permanente del líder.
- El auspicio de una cultura de "salario emocional" estimula y potencia los logros de los subalternos, todo como resultado de la generación de motivación, fortalecimiento de su autoestima y la apreciación positiva que tienen de la organización.
- El líder debe estimular y modelar la práctica comunicacional de retroalimentación con el objetivo de que los colaboradores puedan detectar oportunidades de mejora propias pero además con el objetivo de potenciar la motivación a través del reconocimiento de sus fortalezas.
- Existen diversas barreras que impactan y degradan la motivación, la autoestima y el sentido de pertenencia de los subordinados; y los líderes deben saber reconocerlas y evitarlas. La principales son las barreras comunicacionales y las emocionales.

Modelo de Competencia Pigmalión para el Liderazgo

ROL DE LA COMUNICACIÓN INTERNA PARA POTENCIAR LA COMPETENCIA PIGMALIÓN

> *Si los ejecutivos, gerentes y los supervisores no sostienen comunicación directa con la gente, la organización no solo desaprovecha oportunidades, sino que eleva los riesgos para un clima interno tóxico, una cultura no acorde con lo deseable y un ambiente de incertidumbres y rumores. Es cuando se genera un vacío que puede ser llenado por otros interlocutores.*
>
> **Amado Fuguet**

Las organizaciones están formadas por diversos elementos, pero su principal insumo son las personas que trabajan y hacen vida en ella, de eso no puede haber duda.

Es la gente la que lleva a cabo las tareas, obtienen los logros, y hasta generan los errores en las empresas para las que trabajan. Son las que, en última instancia, tienen que llegar a las conclusiones y tomar las decisiones, lo que las convierte en responsables del buen o mal rumbo de la empresa. Sin la gente, definitivamente las organizaciones serían unos ¡cascarones vacíos!

Foto cortesía Freepik.com

Modelo de Competencia Pigmalión para el Liderazgo

Para lograr una labor eficiente, las personas requerimos inevitablemente poder comunicarnos, ya que la comunicación es una necesidad básica que todos los seres humanos tenemos de forma innata, es decir, desde que nacemos.

Además, la comunicación impulsa acciones, ejecución y logros cuando interactuamos fluidamente, cuando podemos transmitir nuestras ideas de forma clara y cuando somos escuchados atentamente, porque los seres humanos necesitamos sentirnos escuchados por nuestros interlocutores.

Es inobjetable entonces que cuanto mejor sea la comunicación, mejores serán los resultados y el desempeño organizacional, porque los resultados de una organización están intrínsecamente relacionados a la ejecución humana.

Por esto cada vez más empresas comprenden que la comunicación dentro de la organización (comunicación interna) es una disciplina de vital importancia en la gestión estratégica y para potenciar la productividad; lo que permite eliminar los doble procesos, evitar errores, y definitivamente mejorar el clima laboral interno.

Foto cortesía Freepik.com

Por último, el elemento que tal vez destaque más de una adecuada gestión de la comunicación interna es que motiva e incentiva al personal, construye una imagen positiva de la empresa y favorece la identificación de los trabajadores con los valores y la cultura organizacional.

Entonces, la Comunicación Interna se transforma en una disciplina de vital importancia para generar el necesario compromiso e involucramiento (*engagement*) en los supervisados y, además, para brindar mayor soporte al logro de los objetivos de las empresas; lo que le atribuye una dimensión realmente estratégica y la convierte en una verdadera ventaja competitiva para los negocios, traduciéndose en dinero, productividad y en buenos resultados.

Modelo de Competencia Pigmalión para el Liderazgo

LA RESPONSABILIDAD DE LOS LÍDERES

Inicialmente el éxito de la comunicación interna depende de los líderes y de su capacidad para orientar sobre la visión de futuro y el rumbo de la organización, transmitir efectivamente información relevante y actual, integrar a los equipos de trabajo y generar sentido de colaboración.

Igualmente, deben hacer esfuerzos por mantener la motivación al logro y los objetivos, y fortalecer el relacionamiento y la interacción permanente con los colaboradores y demás miembros de la organización; por lo tanto los líderes están llamados a desarrollar la comunicación como parte de sus competencias fundamentales en el ejercicio de su importante rol en la organización.

Algunas características que deberías fortalecer como líder para desarrollar tu rol comunicacional son:

▶ Plantear y compartir eficazmente tus ideas y planes de futuro.
▶ Convertirte en uno de los principales comunicadores de la visión de la empresa y alinear a tus colaboradores en ese sentido.
▶ Modelar y comunicar la misión de la organización.
▶ Impartir instrucciones y definir tus expectativas en forma clara y precisa.
▶ Conectar fluidamente con la gente, encender la motivación y la pasión en el corazón de cada uno de tus colaboradores.
▶ Generar e influir en la generación de ideas y compartirlas con la organización.
▶ Ser un portavoz fundamental de la organización y un generador de información relevante, confiable, clara y precisa.

El éxito de la comunicación interna depende de los líderes. Foto cortesía Freepik.com

Para poder alcanzar el rol comunicacional como líder de la organización, debes asumir y cumplir tres grandes variable de actuación:

Primero debes "querer comunicarte". Esto significa que debes reflexionar sobre la comunicación en la organización, comprender y refrescar tu rol comunicacional. También debes precisar los temas sobre los

Modelo de Competencia Pigmalión para el Liderazgo

cuales hay que comunicar a tus colaboradores y además asumir el reto de comunicarte efectivamente.

En segundo lugar, debes "saber comunicarte". Es decir, que debes fortalecer tus habilidades para comunicar, como la capacidad de observación y de escucha efectiva, desarrollar la comunicación asertiva, y convertir el diálogo personal, la retroalimentación (feedback) y las conversaciones grupales en prácticas que generen impacto en tus interlocutores.

Por último, debes "poder comunicarte". Ello lo lograrás con el soporte que debe ofrecerte tu organización, para que puedas cumplir naturalmente con tu rol comunicacional y propiciar una cultura organizacional que refuerce el mayor involucramiento de tus subalternos.

En este sentido, la organización debe desarrollar un plan organizado de soporte a la Comunicación Interna, que te ayude a consolidar el fortalecimiento de los objetivos que esperan que tú y tu equipo de trabajo cumplan. Este plan de soporte debe contemplar:

Foto cortesía Freepik.com

▶ Objetivos comunicacionales claros, alineados a la estrategia de la empresa.

▶ Segmentación de las audiencias internas a las que abarcará el plan de comunicación interna.

▶ Formulación de ejes de posicionamiento y mensajes alineados con los objetivos corporativos.

▶ Agenda de iniciativas comunicacionales a desarrollar.

▶ Respaldo e involucramiento de la alta gerencia para poder comunicar con eficiencia y alineación.

▶ Canales y medios formales de comunicación interna para dar soporte a tus iniciativas y mensajes.

▶ Diagnóstico e indicadores de efectividad del plan de comunicación interna.

▶ Plan de seguimiento de metas y objetivos comunicacionales periódicos.

Modelo de Competencia Pigmalión para el Liderazgo

LA INFLUENCIA DEL PRIMER JEFE

Foto cortesía Freepik.com

Es una realidad casi indiscutible que el jefe que más influencia tiene en los colaboradores suele ser generalmente el primero que les toca en su historia laboral.

En mi caso, el primer trabajo formal que tuve fue con Antonio Paiva Reinoso en su firma de Economistas Consultores APECCA, durante los siete meses previos a mi ingreso a la universidad. Puedo decir que él, con su vasta experiencia como docente y consultor empresarial me enseñó las primeras nociones de administración, control de proyectos, atención al cliente y, además guio mis primeros pasos en el uso de computadoras, cosa que siempre le agradeceré por su tiempo y su afán, pero sobre todo por compartir las herramientas que me sirvieron para mi introducción en la empresa privada.

Años más tarde, cuando me gradué como comunicador social, tuve la dicha de comenzar mi carrera profesional con Amado Fuguet Ventura, uno de los mejores comunicadores sociales, y sobre todo, un insuperable líder que me enseñó sobre la ética en el trabajo y me formó en el mundo empresarial, junto a uno de los mejores equipos de comunicadores corporativos que he conocido.

Ambos jefes y grandes amigos mío hoy día, a pesar de mi poca experiencia laboral en cada uno de esos puestos que ocupé en su momento, me transmitieron desde el principio su perspectiva de la excelencia en el trabajo y, sobre todo, me trataron con total confianza. Asumieron y me comunicaron las expectativas que tenían sobre mí, sobre mis capacidades para aprender y desarrollarme profesionalmente, para enfrentar los retos complejos que me asignaran o que me tocara enfrentar por mi cuenta.

Sin embargo, la vida laboral nunca es perfecta, lo que me lleva a recordar que tuve uno que otro supervisor que tenían estilos totalmente distintos a mis primeros jefes y que, por el contrario de lo que había aprendido en mis inicios, aplicaron estilos de liderazgo más tradicional, totalmente desviado de la Competencia Pigmalión; lo

Modelo de Competencia Pigmalión para el Liderazgo

que me costó una pérdida de mi autoestima y me creó muchas dudas sobre mi potencial profesional. Si no lograba algo, terminaba creyéndome que no era capaz de lograr nada.

Entonces, tomando como base las enseñanzas que mis fantásticos mentores me brindaron, luché contra el Efecto Golem (Efecto Pigmalión Negativo) y decidí convertir mis resultados, fueran los que fueran, en logros positivos y creer que era capaz de lograr cada vez más cosas.

Esta confesión me sirve para explicarte dos cosas. Primero, como hemos visto a lo largo del E-Book, la manera en la que un líder concibe a sus colaboradores se transmite mediante su forma de interactuar y comunicarse con ellos. Si el líder da por hecho que sus supervisados son inexpertos o poco comprometidos, lo más probable es que los trate como tales y viva su profecía autocumplida cuando ellos respondan a esa actitud, comportándose con desmotivación, desapego, y bajo rendimiento.

Por otro lado, como líder, mientras más creas en las posibilidades de tus subordinados y en su potencial, los trates como profesionales y como personas maduras, efectivas y motivadas, generarás en ellos más motivación, seguridad y compromiso. En ese sentido, debes hacer tu parte en la comunicación y el modelaje de la Competencia Pigmalión, haciendo consciente este tipo de efectos negativos y limitantes, enseñándoles a contrarrestarlos y potenciar lo mejor de ellos.

Foto cortesía Freepik.com

CORRESPONSALES INTERNOS: TRABAJADORES APALANCANDO LA COMUNICACIÓN

El desarrollo de un nuevo modelo de comunicación interna, más efectivo y cónsono con los lineamientos estratégicos de las organizaciones, apunta a una gestión basada especialmente en la gente, para la gente y particularmente sobre la gente y sus necesidades, sus deseos, sus inquietudes, su apego por la organización.

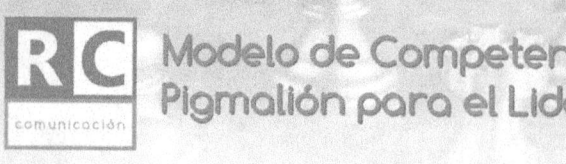

Modelo de Competencia Pigmalión para el Liderazgo

La organización debe empoderar a la gente a través de los líderes para potenciar la gestión de la comunicación interna. Foto cortesía Freepik.com

En efecto, los medios de información empresarial siguen siendo un elemento importante de la ecuación que comprende el resultado de una institución que se comunica efectivamente a lo interno; pero éstos, los medios de información deben estar enfocados en la praxis de la interrelación corporativa, como canales de soporte para la comunicación de la gente: de los líderes con sus supervisados, de los trabajadores hacia los jefes, de la alta gerencia hacia toda la empresa y viceversa.

Partiendo de un modelo de gestión donde lo que comunica la gente tiene un peso del 70% y lo que se comunica a través de los medios formales representa el 30% de la realidad de la interacción organizacional; surge la necesidad de canalizar, formalizar y empoderar equipos humanos para que la organización potencie la gestión de su comunicación interna.

Modelo de Competencia Pigmalión para el Liderazgo

Foto cortesía Freepik.com

La conformación de equipos multidisciplinarios de gente, también conocidos como redes de corresponsales internos, embajadores de comunicación, delegados o facilitadores de comunicación interna; intervienen en los procesos de comunicación organizacional, con el objetivo, entre otros, de impulsar un buen clima laboral y el sentido de pertenencia entre los empleados, sin que sus integrantes sean necesariamente profesionales del periodismo o la comunicación social.

Estos equipos se caracterizan por estar conformados por representantes de distintas áreas y diferentes niveles de cargo, lo que brinda mayor representatividad a sus unidades y más protagonismo a las personas.

Se convierten en una pieza clave, participando activamente en los procesos de comunicación interna, desde el área donde se desempeñan, en fases relevantes del proceso de identificación, recolección de información, divulgación y distribución de contenidos, debidamente organizados por la gerencia encargada de coordinar la comunicación dentro de la empresa, canalizando así los procesos de comunicación informal e interacción hacia los temas más estratégicos planificados y soportados por los medios formales.

Generalmente las redes de corresponsales internos son conformadas por grupos de empleados que cumplen una labor *ad honorem*, que no impacta sensiblemente el desempeño de sus responsabilidades en la empresa. Deben ser personas con espíritu de reporteros y/o voceros, tomando en cuenta que siempre existen trabajadores con mayores habilidades comunicacionales o que se destacan o disfrutan de la producción de videos, fotografía, escritura y/o la oratoria.

Tres aspectos fundamentales en la conformación efectiva de redes de corresponsales de comunicación interna son: 1) su formación, 2) el empoderamiento en su rol y 3) el soporte de sus líderes, dándoles permanente reconocimiento dentro de la organización para que sean percibidos como actores claves de la comunicación interna y para activar la necesidad de reto que implica tener dicha responsabilidad.

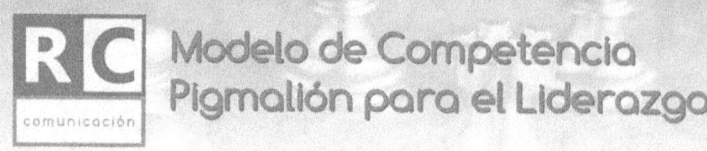

Modelo de Competencia Pigmalión para el Liderazgo

La configuración de equipos de corresponsales de comunicaciones internas multiplica las iniciativas y los resultados de la comunicación organizacional, además de impulsar los objetivos de integración y motivación entre todos los trabajadores.

Lo líderes deben apoyar a los Corresponsales Internos...

- Sensibilizándolos sobre la importancia que tiene la Comunicación Interna para transmitir mensajes e impulsar acciones que respalden los factores críticos para el éxito de la organización.
- Concientizándolos respecto a su rol de soporte al liderazgo en la tarea de generar motivación, impulsar el sentido de pertenencia, potenciar la autoestima y promocionar el salario emocional entre los colaboradores.
- Ayudándolos a identificar asuntos relevantes, temas internos de interés y las oportunidades informativas en las regiones, las áreas o las unidades de la organización.
- Incorporándolos al proceso de participación y desarrollo de medios alternativos de comunicación interna, y al aporte de contenidos oportunos para todo el personal.
- Animándolos a participar en el ejercicio de la vocería interna, compartiendo información relevante y actual con sus compañeros.
- Modelando las actitudes de observación y la escucha atenta, estructuradas como herramientas para determinar cómo se comprenden y perciben los mensajes en la organización.

Caso de éxito Grupo Phoenix: "enfoque hacia una red de voceros internos"

Imagen cortesía Grupo Phoenix

Grupo Phoenix es una de las corporaciones multinacionales más importante de desarrollo y fabricación de empaques plásticos termoformados, inyectados, tapas de aluminio, láminas de alta barrera, tubos de aluminio y productos desechables para la industria, el *food service* y consumo masivo, en América Latina y Norteamérica.

Para apoyar sus operaciones en Venezuela, en el año 2013 la Dirección de Comunicaciones de Grupo Phoenix identificó 3 grupos de trabajadores (54 personas en total) a quienes se les asignó la responsabilidad de construir un proceso de

relacionamiento con el resto de los trabajadores, a través de vocería interna bidireccional.

Entre las actividades que desarrolla el equipo de voceros, se encargan de difundir mensajes que provienen de la Gerencia de Comunicaciones, privilegiando formatos de comunicación presencial Cara a Cara. También cumplen una misión de monitoreo sobre el clima interno y sobre los mensajes relacionados con las posiciones y necesidades del personal para gestionarlas ante las gerencias de Recursos Humanos y de Comunicaciones; además, suministran información resultante de reuniones con los trabajadores, para nutrir con contenidos a los medios internos: murales informativos, boletines electrónicos y reuniones presenciales.

Entre sus responsabilidades, deben:

- Alinear a los colaboradores con los objetivos estratégicos de Grupo Phoenix.
- Garantizar que los colaboradores cuenten con la información necesaria para ejecutar su trabajo.
- Consolidar entre los subalternos el sentido de pertenencia hacia la empresa.
- Fortalecer la integración y el trabajo en equipo entre individuos y grupos, internos e intercompañías.
- Promover una cultura de comunicación abierta que permita descubrir ideas y oportunidades, así como inquietudes en la organización.

Como resultado de la activación de la red de voceros internos desde 2013, Grupo Phoenix de Venezuela ha logrado un mejor relacionamiento con sus trabajadores y un conocimiento más completo y detallado de los requerimientos y posiciones de sus empleados, lo que ha impulsado una respuesta más efectiva a la activación de iniciativas organizacionales y el seguimiento de estas, evitando así situaciones de riesgo o crisis y fortaleciendo los procesos de cambio organizacional.

Caso de éxito Beconsult: "apalancados en el comité de corresponsales internos"

Imagen cortesía Beconsult

Beconsult-Grupo Blohm es una empresa especializada en servicios corporativos (consultoría, operación y tecnología) que desarrolla e implementa políticas corporativas, estándares, procesos, sistemas y prác-

ticas en administración de personal, contabilidad, contraloría, desarrollo organizacional, finanzas, legal, seguros, sistemas y tributarios.

Desde el año 2012, como resultado de un diagnóstico de comunicaciones internas, activaron su Comité de Comunicación que se sustenta en el trabajo comunicacional que realiza la Red de Corresponsales Internos como representantes de todas las gerencias de la organización.

En este Comité, los Corresponsales Internos definen mensajes clave, evalúan y planifican periódicamente los contenidos para los medios internos y son los responsables del proceso de producción de noticias, reseñas, entrevistas y campañas; además hacen seguimiento al impacto de los mensajes corporativos y de los medios internos (boletines periódicos y murales informativos).

Entre las responsabilidades permanentes de cada uno de los miembros de la red de corresponsales está:

- Evaluar pautas informativas y coordinar la producción de mensajes y otros contenidos para ser difundidos a través de los medios internos.
- Poner en práctica la escucha y la observación activa, y estar atentos a aquellos contenidos que se consideren de interés o resulten sensibles para la operación de la empresa.
- Investigar y hacer seguimiento a los contenidos que podrían ser pautados.
- Tomar decisiones sobre cuáles son los contenidos y su jerarquía para las pautas en los medios internos.

Desde su creación, el Comité y la Red de Corresponsales Internos son coordinados por la gerencia de Personal que es la unidad encargada de concentrar los procesos de comunicaciones internas de Beconsult-Grupo Blohm. El equipo fijo está integrado por gerentes y coordinadores (15 personas) de diferentes áreas, y periódicamente invitan a personal de otros niveles como participantes de diversas actividades del comité.

A raíz del trabajo realizado por los corresponsales, la organización ha podido fortalecer sus procesos de comunicación con los colaboradores y otros actores internos, en función de generar confianza, motivación, respaldo y determinación para alcanzar los objetivos de su plan estratégico.

Modelo de Competencia Pigmalión para el Liderazgo

ESTRATEGIA COMUNICACIONAL

El primer paso para desarrollar la estrategia de comunicación interna debe enfocarse en fortalecer el rol comunicacional que juegan los líderes como los ejecutivos, los gerentes, los jefes y supervisores.

Esta iniciativa debe estar enmarcada en el desarrollo de competencias específicas, encaminadas a cumplir con las 5 misiones del modelo comunicacional OIIME:

Foto cortesía Freepik.com

1. Orientar sobre los componentes estratégicos, filosóficos y culturales de la organización.

2. Informar sobre el acontecer de la organización, con énfasis en hechos, objetivos y resultados.

3. Integrar a los individuos y los grupos, haciendo énfasis en la construcción de la cultura de equipo, la participación y colaboración.

4. Motivar a los colaboradores, impulsando el fortalecimiento del sentido de pertenencia, apego y compromiso con la organización.

5. Escuchar e interactuar con los empleados, logrando el proceso de retroalimentación efectiva y auspiciando la comunicación abierta, asertiva y empática para la mejor comprensión de las motivaciones.

En segundo lugar, la empresa debe contemplar la preparación de mensajes que sustenten el discurso de ejecutivos, gerentes y supervisores para el desarrollo de las misiones que deben cumplir como parte de su rol comunicacional. Estos mensajes deben ser compartidos y alineados entre los jefes; y deben formar parte permanentemente de su discurso, para lograr un verdadero impacto en la motivación del personal.

Como tercer elemento, debe existir una plataforma de canales y medios internos que brinden soporte a los líderes y a los mensajes institucionales, y que permitan generar exposición permanente entre los miembros de la organización.

Modelo de Competencia Pigmalión para el Liderazgo

En cuarto lugar, la organización debe contar con un sistema de medición de la efectividad comunicacional que facilite la obtención de un tablero de resultados de la gestión de los líderes, los mensajes y los canales y medios de comunicación interna. Esto ayudará a desarrollar un quinto elemento que es la implementación de indicadores de gestión para el seguimiento de la estrategia de comunicación interna.

La estrategia integral de comunicación interna definitivamente garantiza un mayor empoderamiento de los líderes para transmitir mensajes eficientemente a los supervisados, y además les brinda soporte para generar el modelaje, motivación y el sentido de pertenencia inmersos en la competencia Pigmalión.

Líderes empoderados, mensajes, canales y medios internos, diagnóstico e indicadores de gestión, son los elementos básicos de una estrategia de comunicación interna efectiva. Foto cortesía Freepik.com

Modelo de Competencia Pigmalión para el Liderazgo

Resumen del capítulo

- La Comunicación Interna es una disciplina de vital importancia para formar el necesario compromiso e involucramiento de los colaboradores.
- Los líderes deben comprender cuál es el rol comunicacional fundamental que ellos juegan en los procesos de formación de compromiso e involucramiento de los subordinados con la organización.
- Para asumir su rol, el líder debe querer comunicar y para ello tendrá que sensibilizarse sobre la importancia del proceso comunicacional; luego debe saber comunicar, fortaleciendo sus habilidades con herramientas de relacionamiento efectivo; y finalmente el líder debe poder comunicarse, gracias al soporte que debe brindarle la organización para cumplir adecuadamente con su rol comunicacional.
- Las expectativas y la forma en la que un líder concibe a sus colaboradores se transmiten mediante el modo de interactuar y comunicarse con ellos.
- La comunicación no es únicamente tarea de los líderes. Esta es una disciplina de gestión basada especialmente en la gente, para la gente y particularmente sobre la gente y sus necesidades; por lo tanto el líder tiene la tarea de promocionarla entre sus trabajadores y auspiciar la conformación de equipos multidisciplinarios que participen activamente en los procesos e iniciativas de comunicación interna.
- El líder tiene una responsabilidad muy importante en la práctica de la comunicación interna, pero esta debe estar sustentada en una estrategia clara que fortalezca y brinde soporte a su rol en el proceso de cumplimiento de las 5 misiones de la comunicación interna: orientar, informar, integrar, motivar y escuchar (interactuar).

INFLUIR CON PIGMALIÓN PARA LA CONSTRUCCIÓN DE UNA VISIÓN COMPARTIDA

La buena comunicación no es solo la transferencia de datos. Debe mostrarle a la gente algo que aborde sus ansiedades, que acepte su enojo, que sea creíble en un sentido muy intuitivo y que evoque la fe en la visión.
John P. Kotter.

Foto cortesía Freepik.com

Como manifesté en el capítulo anterior, la comunicación organizacional juega un papel fundamental en la motivación e integración de las personas, y desde el punto de vista estratégico, refuerza la alineación de objetivos y el posicionamiento de la cultura corporativa para la edificación del futuro a mediano y largo plazo de las empresas.

La clave está en enfocar los elementos filosóficos y culturales, preparando el presente para alcanzar el futuro deseado a través de iniciativas comunicacionales planificadas cuidadosamente.

Toda incertidumbre que tengamos con relación al futuro debemos desafiarla interviniendo en el presente, porque este es el único escenario donde tenemos verdadero control. Partiendo de esta reflexión y recordando aquella importante afirmación de Peter Drucker, "La mejor forma de predecir el futuro es crearlo", es muy pertinente abordar el tema de la comunicación organizacional como instrumento de influencia para impulsar los efectos deseados en la construcción del futuro de las empresas.

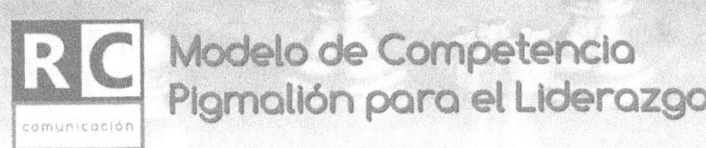

Modelo de Competencia Pigmalión para el Liderazgo

LA FILOSOFÍA DEBE ORIENTAR EL FUTURO

El porvenir de la organización comienza a edificarse a través de una estrategia corporativa, cuyo punto de partida se fija en la planeación de objetivos e iniciativas que den soporte a todas las dimensiones y temas que impactan a la empresa.

Para poder dar forma a la estrategia, las organizaciones deben cimentar sus bases

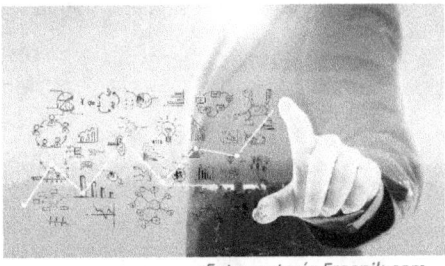

Foto cortesía Freepik.com

sobre elementos filosóficos como los valores corporativos -pensamientos, conceptos, ideas y sobre todo los comportamientos de las personas-, elementos todos de la cultura organizacional que regirán a sus miembros: desde los accionistas y la alta gerencia, pasando por los gerentes medios, hasta llegar al resto de los subalternos.

A su vez, toda esta estructura indispensable para la construcción del futuro debe estar blindada por aquellos elementos filosóficos que guíen a la organización hacia una visión y una misión que, sin duda, deben ser compartidas con todos y por todos sus miembros.

La visión y la misión tienen funciones diferentes para la organización: la primera busca construir un destino a largo plazo, así como la imagen del lugar a donde quiere llegar; mientras, la segunda define el propósito organizacional, sus objetivos primordiales y lo que hará para alcanzar su porvenir.

Asimismo, los valores corporativos deben ser el reflejo de los principios que permiten orientar la conducta de los miembros de la organización como un todo, y proporcionan una pauta para formar metas y objetivos personales y colectivos. Los valores reflejan los intereses, los sentimientos y las convicciones más importantes de la organización.

De forma irrevocable, la visión, la misión y los valores corporativos son los enunciados inspiracionales de la organización y sirven para expresar claramente su dirección.

Modelo de Competencia Pigmalión para el Liderazgo

PREPARAR EL PRESENTE CON LA COMPETENCIA PIGMALIÓN PARA LOGRAR EL PORVENIR DESEADO

Foto cortesía Freepik.com

En resumen, la intención de formular una visión, una misión y unos valores de empresa, es la de posicionar objetivos corporativos, alinear la estrategia y motivar a los equipos de supervisados. En este punto, la comunicación interna juega un papel esencial de orientación, información, integración motivación y retroalimentación entre todos los colaboradores, con el objetivo de edificar el futuro esperado por la organización.

Para ello, se debe posicionar la estrategia de evolución, aplicando un proceso de comunicación de la cultura organizacional, apoyado en el modelo Difusión + Modelaje + Reconocimiento:

Difusión:

1. Apoyando comunicacionalmente el proceso de posicionamiento y alineación de la filosofía y cultura corporativa.

2. Comunicando permanentemente mensajes orientadores sobre la visión y misión de la empresa, para que sean comprendidos como elementos filosóficos indispensables en el logro de los objetivos y metas de la empresa y, por ende, para la construcción de su futuro.

3. Informando constantemente sobre los avances del proceso de transformación de la empresa y cómo los trabajadores y supervisores, con su trabajo, van aportando al éxito de victorias tempranas para la construcción del futuro de la organización.

Modelaje:

1. Sensibilizando a gerentes y líderes acerca de su rol comunicacional en la promoción y modelaje de los valores corporativos que orienten las conductas individuales y grupales para el futuro de la empresa.

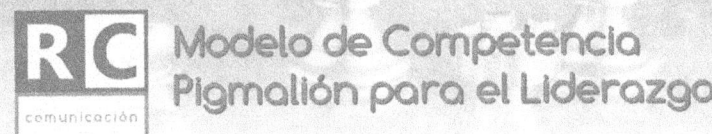

Modelo de Competencia Pigmalión para el Liderazgo

2. Creando un clima positivo y de motivación para lograr el compromiso y la voluntad de los miembros de la organización ante los retos que traerán los cambios, en la forma de hacer las tareas, en los procesos y en su estructura.

Reconocimiento:

1. Estimulando a través del reconocimiento a supervisores y trabajadores por su esfuerzo en la construcción del futuro de la organización.
2. Implementando programas de premiación a individuos y grupos que adopten y realicen mejores prácticas asociadas a procesos de transformación e innovación para apoyar la visión de futuro.
3. Reforzando los procesos de feedback con mensajes permanentes sobre la importancia de la participación de todos los miembros de la empresa en el proceso de transformación.

INICIATIVAS PARA COMUNICAR EFICIENTEMENTE EL FUTURO

Como sustento a las acciones de construcción del futuro, la organización debe configurar un mapa de sus actores internos y audiencias clave, para determinar las diferentes posiciones y actitudes ante los cambios que se propongan; y tomando en cuenta la configuración de este, diseñar un Plan de Iniciativas Comunicacionales para el Cambio que procuren la comprensión, el respaldo y la identificación del personal, con miras a los procesos de transformación.

Los líderes deben estar involucrados en la comunicación de la visión de futuro. Foto cortesía Freepik.com

Por otro lado, la empresa debe preparar a sus líderes y fortalecer sus competencias para gerenciar y liderar adecuadamente la gestión del cambio asociada a la visión

Modelo de Competencia Pigmalión para el Liderazgo

de futuro, como aspecto crítico para su asimilación por parte del personal; así como la construcción de mensajes clave específicos -que transmitirá la gerencia de la organización a sus miembros- asociados a los elementos de filosofía corporativa y las conductas esperadas en función de la edificación del futuro.

Todos los esfuerzos anteriores deben estar acompañados por la transmisión de los temas y mensajes a través de medios, programas y campañas internas que se definan en el Plan de Iniciativas Comunicacionales para el Cambio.

Finalmente, para garantizar un seguimiento de las iniciativas, la empresa debe desarrollar indicadores para evaluar el grado de comprensión y respaldo de sus miembros al proceso hacia la transformación, como mecanismo de seguimiento y evaluación de la efectividad de las iniciativas de comunicación interna y gestión del cambio.

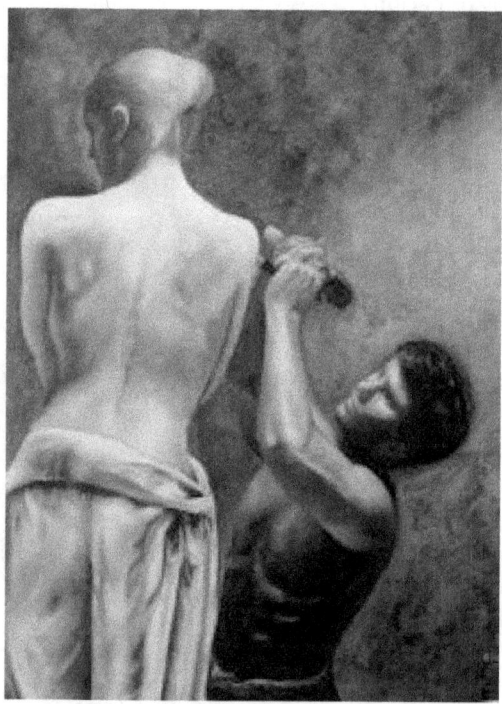

Pigmalión y Galatea de Alicia Brizzio

Modelo de Competencia Pigmalión para el Liderazgo

Resumen del capítulo

- Como uno de los elementos más importante previstos en el modelo de Competencia Pigmalión, la comunicación de los líderes debe jugar un papel fundamental en la motivación e integración de las personas, y reforzar la alineación de objetivos y el posicionamiento de la cultura y los valores corporativos.
- La fórmula Difusión + Modela + Reconocimiento impulsa positivamente el posicionamiento de la cultura organizacional.
- Entre las iniciativas para construir una visión a futuro, la organización debe comprender las posiciones y actitudes de sus miembros; fortalecer las competencias de sus líderes para la mejor gerencia de los cambios necesarios en la visión de futuro; y brindar el soporte necesario para que los líderes y los colaboradores interactúen y se den respaldo mutuamente en el proceso hacia la transformación de la organización.

Modelo de Competencia Pigmalión para el Liderazgo

EPÍLOGO. A MODO DE CIERRE

1. Como seres humanos nacemos con deseos y expectativas que moldean nuestras acciones.

2. El líder organizacional debe reconocer y tener presente la anterior premisa y, en consecuencia, trabajar tanto los deseos como las expectativas de sus colaboradores, así como las suyas propias; con el objetivo de fortalecer su rol como guía y modelo; y de motivar, reforzar la autoestima y el comportamiento de sus colaboradores.

3. El nivel de expectativas que se forma el líder respecto al desempeño de sus subordinados impacta directamente en los resultados que estos tengan.

4. Asimismo, la calidad del modelaje y el reconocimiento que ofrece el líder son factores que influyen considerablemente en los resultados de los colaboradores.

5. El Paradigma de Pigmalión trata sobre la capacidad del líder de identificar y priorizar sus expectativas respecto a sus supervisados, reconocer sus aptitudes y sus logros; para aumentar la motivación, la confianza, la autoestima y, en consecuencia, su sentido de pertenencia y apego a la organización.

6. La motivación al logro y la construcción de un verdadero sentido de pertenencia representa para los subalternos tanto o más que las mismas retribuciones salariales o los beneficios laborales. En este sentido, el modelaje del líder es un factor primordial para la satisfacción de los objetivos personales de cada colaborador.

7. Asumir el rol comunicacional que tienen los líderes organizacionales, y su práctica permanente, potencia los elementos que conforman la Competencia Pigmalión, para la formación de compromiso e involucramiento (*engagement*) de los colaboradores con la empresa. Asimismo, la organización debe brindar soporte estratégico y operativo a sus líderes para la consecución de su rol comunicacional.

Adicionalmente quiero dejarte algunas interrogantes que como líder debes plantearte, para validar cuán desarrollada está tu Competencia Pigmalión y para

Modelo de Competencia Pigmalión para el Liderazgo

diagnosticar cuáles son los cambios que debes comenzar a hacer e integrarlos a tu agenda de liderazgo.

Como ejercicio, hazte las siguientes preguntas:

- ¿Has estudiado o conoces las oportunidades de mejora de tus empleados?
- ¿Tienes clara cuáles pueden ser sus fortalezas y cómo puedes destacarlas para generar motivación en ellos?
- ¿Los motivas lo suficiente para que asuman retos y tomen riesgos a diario?
- ¿Te reúnes con ellos permanentemente y abres espacios de interacción (feedback) para conocer sus ideas, necesidades y expectativas?
- ¿Cómo ha impactado la Competencia Pigmalión en tu vida, en tu carrera? Busca ejemplos de tipo positivo y negativo.
- ¿Cuáles suelen ser tus expectativas 'por defecto' en diferentes situaciones?: Con tu jefe, colegas, subordinados, clientes, proveedores... con tus familiares...
- ¿Cuál podría ser el impacto que creas con tus expectativas? En tu pareja, en tus hijos, en tus trabajadores, en tu jefe, etc.
- ¿Qué podrías hacer para mejorar el impacto de tus expectativas en terceros y para mejorar el impacto de las expectativas de otros en ti?
- ¿Cómo concibes a las personas con las que trabajas?
- ¿Qué les comunicas con tu actitud cuando interaccionas con ellos?
- ¿Cómo puedes utilizar la Competencia Pigmalión para que tus colaboradores saquen lo mejor de sí mismos?
- ¿Cómo puedes crear una cultura en tu equipo o tu organización en la que todos los miembros se motiven unos a otros gracias al desarrollo de la Competencia Pigmalión?
- ¿Cuál de los elementos de la Competencia Pigmalión sientes que has desarrollado más y cuál crees que debes potenciar?

Si quieres compartir tus respuestas conmigo, en la última página del E-Book encontrarás mis datos de contacto.

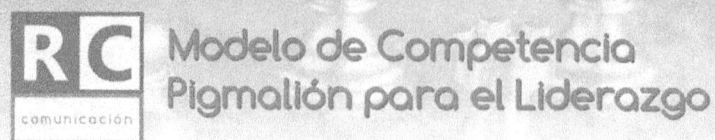

REFERENCIAS

- **Bandura, Albert**: "Teoría del Aprendizaje Social".
- **Bergdahl, Michael y Walton, Rob**: "Las 10 reglas de oro de Sam Walton: Los secretos del éxito para obtener grandes resultados".
- **Burns, James MacGregor**: "Leadership".
- **Cepeda, José María**: "Salud conectada". Artículo científico.
- **Diccionario de la Real Academia de la Lengua Española (DRAE)**.
- **Druker, Peter F**. "La gerencia de empresas".
- **Maslow, Abraham**: "Una teoría sobre la motivación humana".
- **Merton, Robert K.**: "La profecía autocumplida".
- **Ovidio**: "Las Metamorfosis".
- **Ramírez Varela, Carlos**: "El estilo gerencial y el Efecto Pigmalión".
- **Robbins, Stephen P.**: "Comportamiento Organizacional".
- **Rogers, Carl**: "El proceso de convertirse en persona".
- **Rosenthal, Robert y Jacobson, Lenore**: "Pigmalión en el aula de clases: expectativa de los maestros y desarrollo intelectual de los alumnos".
- **Roter, Julia**: "Teoría del Aprendizaje".
- **Soler Sarrió, Alberto**: "Las expectativas y el Efecto Pigmalión". Video.
- **Sterling Livingston, J.**: "Pigmalión en la Gerencia". Artículo científico.

Modelo de Competencia Pigmalión para el Liderazgo

CONSÚLTAME O BRÍNDAME TU OPINIÓN SOBRE ESTE E-BOOK

Espero que el contenido de mi E-Book haya sido de provecho y sea útil para tu desarrollo profesional.

Me gustaría conocer tu opinión, tus comentarios y dudas sobre su contenido. Además, estoy a tu orden para profundizar en el tema, para colaborar y asesorarte a ti y a la organización que representas, así que no dudes en comunicarte conmigo a través de cualquiera de mis canales digitales.

¡Gracias por leerme!

Mis redes y canales digitales

 romulo@rccomunicacion.com

 https://rccomunicacion.com

 http://blog.rccomunicacion.com

 @RomuloCastroC   @RccComOrg

 RCComunicacion

 facebook.com/RccConsultores

Copyright2020©. Rómulo Castro Comunicación®. Rómulo Castro Cáceres.
Todos los derechos reservados. Esta publicación no puede reproducirse ni almacenarse en un sistema de recuperación, ni transmitirse de ninguna forma ni por ningún medio, ya sea electrónico, mecánico, de fotocopiado, de grabación o de otro tipo, sin la validación y el permiso previo del propietario de los derechos de autor.

RC
comunicación

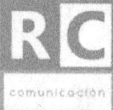

Modelo de Competencia Pigmalión para el Liderazgo

Autor: Rómulo Castro Cáceres

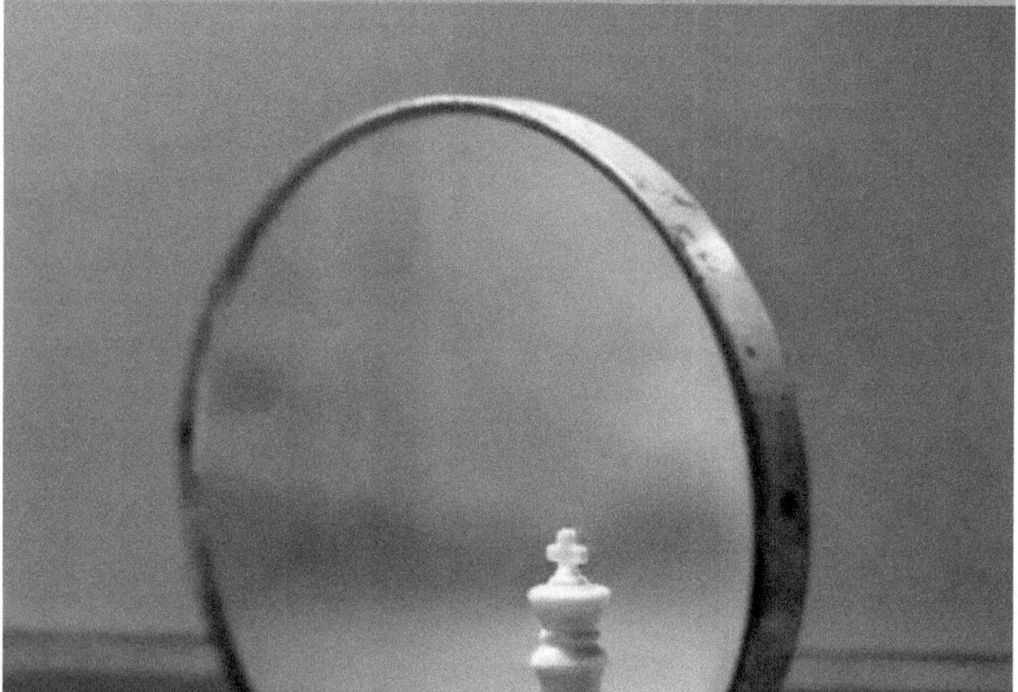

ROMULO CASTRO
comunicación

www.ingramcontent.com/pod-product-compliance
Lightning Source LLC
Chambersburg PA
CBHW050247220526
45465CB00002B/584